JN014169

# デジタル
# マーケティング
## の教科書

データ資本主義時代の流通小売戦略

牧田幸裕

東洋経済新報社 DIGITAL MARKETING

DIGITAL MARKETING

## まえがき

　2017年に『デジタルマーケティングの教科書——5つの進化とフレームワーク』（東洋経済新報社）を上梓してから、早いもので6年が経過した。日本では、2018年に経済産業省が「デジタルトランスフォーメーション（DX）を推進するためのガイドライン（DX推進ガイドライン）」を取りまとめ、それを契機に多くの日本企業でDXに対する取り組みが拡大した。それから5年、DXの成功事例は、まだそれほど目にすることがない。多くの日本企業がDXに取り組み始めたものの、手探りでどう推進していくべきなのか、頭を悩ませている。

　当たり前である。経済産業省の取りまとめたガイドラインは、DXの目標を「企業がビジネス環境の激しい変化に対応し、データとデジタル技術を活用して、顧客や社会のニーズを基に、製品やサービス、ビジネスモデルを変革するとともに、業務そのものや、組織、プロセス、企業文化・風土を変革し、競争上の優位性を確立すること」としている。目標を明確かつ具体的に示したとしているが、「お題目」にすぎない目標としては正しいものだが、「ビジネスモデルの変革ってどうすればよいのか？」「競争上の優位性の確立って、何が競争優位性になるのか？」というところを明らかにしないと、実際にDXをどう推進すればよいのか、さっぱりわからないのである。

　もっとも、私も人のことは言えない。『デジタルマーケティングの教科書——5つの進化とフレームワーク』で、デジタルマーケティングについて、以下のように定義した。

　「データドリブンでターゲット消費者へ製品やサービスを認知させ、消

費者の購買前行動データに基づいて興味・関心・欲求を醸成し、購買データを取得する。購買データと購買後の消費者の評価データを基に製品開発、サービス開発への示唆を得る。これらのデータを、ECチャネルとリアル店舗から取得し、同時に、消費者に最適な購買体験を提供する、一連の活動をいう。これらの活動の目標は、消費者との関係性を深め、最終的に消費者のエージェント（代理人）になることである」。

この定義自体は間違っておらず、この6年間、デジタルマーケティングの定義として、数多くの日本企業に支持、評価をいただいた。『デジタルマーケティングの教科書──5つの進化とフレームワーク』は、コンサルティング会社やビジネススクールで教科書として採用され、この6年間毎年のように版を重ねている。

その一方で、「定義はわかりましたが、この定義をどうビジネスモデルに適用し、実行していったらよいのでしょうか？」という質問を受けることも多かった。**何をすべきか（What）と同時に、どう実現するか（How）を考えないと、デジタルマーケティングは絵に描いた餅にすぎなくなる。** それは、そのとおりである。

2023年の今、日本企業の多くが、DXの必要性を感じていながらも、絵に描いた餅から踏み出すことができていない。絵に描いた餅から脱却するために、**DXの中でもデジタルマーケティング領域に、デジタルマーケティング領域の中でも流通小売領域に絞り込んで、「実際どうすればよいのか？」に主眼を置いたのが、本書である。**

この目的を達成するために、本書は以下の構成で検討を進める。

第1章では、**流通小売業のDXが進むべき方向性**を明らかにする。巷のDXは百花繚乱で、「いろいろなことをやりましょう」と言っている。しかし、経営資源には限りがあり、企業はなんでもかんでも実行するこ

とはできない。そこで、日本の流通小売業のDXの最終ゴールを定義する。

　そして、データ資本主義時代が到来する近未来を予測する。データ資本主義とはあまり聞きなれない言葉かもしれない。資本主義とは産業革命以後の、覇権の獲り方、言い換えれば、競争優位性のあり方である。

　工業資本主義という言葉は聞き馴染みがあるだろう。産業革命以後、国家レベルでも工業国は農業国に対して覇権を獲った。国の産業レベルでも、工業に携わる企業は、商業に携わる企業よりも競争力が強かった。金融資本主義という言葉も聞いたことがあるだろう。「ものづくり日本」と言って工業国家に拘泥した日本は、金融資本主義を採用したシンガポールにアジアの覇権を奪われ、同じく金融資本主義を採用したイギリス、アメリカにも大きく後れをとることになった。

　この文脈で、国家レベルや市場レベルでビッグデータが国家、市場に与えるインパクトについて、数年前から「データ資本主義」と題して議論がなされてきた。このようなマクロレベルでのデータ資本主義に対して、本書では、流通小売業では、品揃えや価格だけでなく、データが競争優位性を決める重要な要素となるというミクロレベルでの「データ資本主義」の議論を進めていきたい。


　第2章では、**流通小売業の歴史と進化**を検討する。本書の目的は、これからの流通小売業のビジネスモデルを検討することだ。しかし、未来のビジネスモデルとは、ある日突然に誕生するものではない。過去の流通小売業のビジネスモデルの連綿たる積み重ね、進化の上に誕生するものである。ゆえに、**未来を検討するために過去を振り返る**。

　流通小売業の歴史は本当に面白く、「流通王」や「小売の神様」という数多くのヒーローが活躍し、日本経済をここまで成長させてきた。データ資本主義時代のヒーローとなるべく、過去のヒーローから多くの学びを得たい。

第3章では、**データ資本主義時代の次世代流通小売業ビジネスモデル**を検討する。いよいよ、本書における最も重要な領域の検討だ。次世代流通小売業でも、もちろん流通小売業自身のビジネスモデルが重要なのだが、それだけでは完成しない。購買決済データを取り扱うクレジットカード会社などの決済サービス業者と連携しなければならないし、商品を仕入れる際には、調達物流においてメーカーと連携しなければならない。消費者に商品を届ける際には、出荷物流において物流業者と連携してビジネスモデルを作り上げなければならない。

このように、流通小売業にとどまらず、様々なステークホルダーとの連携もその範囲として、次世代流通小売業のビジネスモデルを検討する。

第4章では、**次世代流通小売業のビジネスモデルを推進する組織と人材**について検討する。次世代流通小売業のビジネスモデルが明確になったら、次に検討するのは、そのビジネスモデルを推進する組織と人材だ。しかし、社内の人材だけで、今すぐ新たなビジネスモデルの構築やDXの推進ができる企業は、現実的にはほぼ存在しない。たいていの場合、アクセンチュアなど外資系コンサルティング会社の支援の下、デジタルマーケティング、DXを推進することになる。そこで、これら外資系コンサルティング会社の上手い使いこなし方を検討する。

ただし、いつまでも外資系コンサルティング会社の支援を受けているわけにはいかない。短期的に外資系コンサルティング会社の支援を受けるのはよいだろうが、長期的にはひとり立ちし、社内の人材でDXを推進していかなければならない。そこで、DXを推進するデジタル人材の要件、育成方法を検討する。ここでは経営陣、ミドルマネジャー、スタッフの3階層に分類し、それぞれデジタル経営陣、デジタルミドルマネジャー、デジタルスタッフに求められるビジネススキルを詳細に検討する。

　最後の第5章では、消費者から見た次世代流通小売業のあり方を確認する。「売り切れの失望」「意思決定の疲弊」から解放されて、「買い物は楽しい」へ原点回帰すべきこと、そして次世代流通小売業は消費者の「頼れる相棒」となるべきことを、私自身の経験もふまえて述べる。

　本書の執筆において、今まで同様、東洋経済新報社出版局の藤安美奈子さんに、企画段階から編集までお世話になった。藤安さんには、ビジネストレーニング誌の『Think!』連載時代から、『フレームワークを使いこなすための50問──なぜ経営戦略は機能しないのか?』『ラーメン二郎にまなぶ経営学──大行列をつくる26の秘訣』『ポーターの「競争の戦略」を使いこなすための23問──どうすれば差別化を機能させられるのか?』『得点力を鍛える──「やらないこと」を決めて努力を最適化する技術』『デジタルマーケティングの教科書──5つの進化とフレームワーク』(いずれも東洋経済新報社)でもご担当いただき、20年近いお付き合いになる。

　ありがたいことに『デジタルマーケティングの教科書』が、ビジネスパーソンやMBAの学生から高い評価をいただき、また、多くの日本企業がDXに取り組んでいるもののなかなか成果を出せていない状況で、「ぜひ進化版を!」という提案があった。ディスカッションパートナーとして議論を深めて、様々なアイデアを出すことができ、本書を完成させることができた。改めて感謝を申し上げたい。

# 第1章
# 流通小売業のDXは
# どう進めればよいのか

# 第2章
# 流通小売業の
# 歴史と進化を振り返る

## 第3章
# データ資本主義時代の
# ビジネスモデルのつくり方

## 第4章
# 新たなビジネスモデルを推進できる組織と人材

# 第5章
# 消費者から見た
# 次世代流通小売業

第1章

# 流通小売業のDXは
# どう進めればよいのか

# 90%の大企業でDXはうまく進んでいない

巷間よく言われていることだが、多くの日本企業ではDX（デジタル・トランスフォーメーション）がうまくいっていない。PwCの「日本企業のDX推進実態調査2023」によれば、**DXの成功企業は、DX取り組み企業の中でようやく10%を超える程度である**（図表1-1）。

「何らかの成果が出ている」が半数以上なのだが、このあたりは日本企業らしく、取り組みをしていて「何も成果が出ていない」とは言い難いためと考えられる。

もっとも、成功という概念は極めて主観的なものなので、何をもって成功と判断しているのかが重要である。この点、PwCのレポートはもちろんのこと、経済産業省の「DXレポート2」、アビームコンサルティングの「日本企業のDX取り組み実態調査」といったレポートでも成功の定義が明確には提示されていない。しかし、これらのレポートから読み取るに「**新規事業の創出**」「**デジタル知見を利用した経営陣による意思決定**」ができることなどであることが推定される[1]。

仮にDXの目標をこれらだと定義をした場合、多くの企業でその目標が達成されていないことになる。なお、アビームコンサルティングの調査は、年間売上高1000億円以上の企業であり、PwCの調査は年間売上高1000億円以上の企業が46%を占めているので、日本においてはそれなりの大企業だと推定される。にもかかわらず、90%近くの大企業ではDXが思ったように進んでいないわけだ。

そもそも、現在日本ではどれだけの企業がDXを手がけているのだろ

---

1）　アビームコンサルティング「日本企業のDX取り組み実態調査」結果発表。
https://www.abeam.com/eu/ja/about/news/20201214

図表1-1　日本企業のDX成功率はようやく1割を超える程度

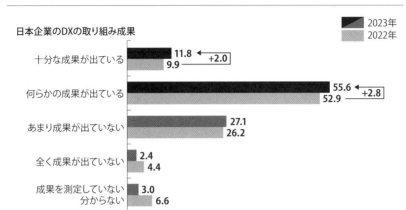

注：端数処理の関係上、「差分（%）」の数値がグラフの差分と異なるものがあります
出所：PwC「日本企業のDC推進実態調査2023」
　　　（https://www.pwc.com/jp/ja/knowledge/thoughtleadership/dx-survey2023.html）

うか。2020年以降を概観すると、総務省「デジタル・トランスフォーメーションによる経済へのインパクトに関する調査研究（2021年）」では、大企業の中で2020年度までに取り組みを始めている企業が40%を超える程度。一方で、日本能率協会の『日本企業の経営課題2021』調査結果速報では、日本能率協会会員企業の中で調査したところ従業員数3000人以上の大企業では、「既に取り組みを始めている」という企業が60%を超えている。

　さらに、独立行政法人情報処理推進機構（IPA）の「DX白書2023」によれば、売上高1000億円以上の企業で「全社的に、または、一部の部門で取り組んでいる」企業は85%を超えている。DXに取り組んでいる企業の数は、年々増加しており、2023年時点でDXに全く手を付けていないという大企業は、かなりの少数派であると言える[2]。

　経済産業省は、日本の大企業数を約10000社と推定しており、そうだとすると2023年現在8500社以上がDXに取り組んでいると推定できる。

もっとも、多くの大企業においてDXを独力で行えるとは考えにくく、DXコンサルティングを手がけるアクセンチュアを始めとした外資系コンサルティング会社にDX支援を依頼していると想定される。しかしながら、急激に案件が増えているにもかかわらずDXに対応できるコンサルタントを十分に確保することができず、その結果として上質なコンサルティングを提供できないジレンマに陥っている可能性もある。それが、DX成功企業がDX取り組み企業の中で10%そこそこである理由の一つであるとも考えられる。

## DXの目標を提示できない日本企業の経営陣

この点、マッキンゼーは「デジタル革命の本質：日本のリーダーへのメッセージ」でDXが上手くいかない理由として「シニアマネジメントのフォーカスと文化」「デジタル・テクノロジーの理解不足」を挙げている（図表1-2）。要はこういうことだろう。

日本企業の経営陣（シニアマネジメント）には、デジタルリテラシー、テクノロジーリテラシーがない場合が多い。だから、DXと言われても何をすべきかわからないし、そもそも何を目標とすべきかもわからない。その結果、DXにフォーカス、言い換えるとコミットすることもない。でも、「世の中DXと言っているし、競合企業もDXに取り組んでいるようだから、とりあえずウチもDXやっておけ」と、現場に丸投げしているということである。

---

2) 情報処理推進機構「DX白書2023」。
https://www.ipa.go.jp/publish/wp-dx/dx-2023.html

図表1-2　日本企業のDXが上手くいかない理由

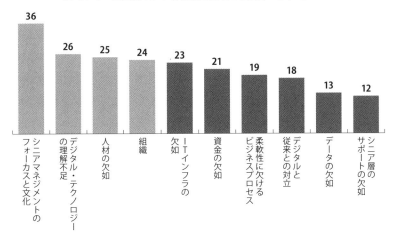

デジタル変革が失敗する要因の割合（%）
マッキンゼーによるグローバル企業2135名の経営者へのインタビュー

（縦棒グラフ 各項目の数値）
- 36　シニアマネジメントのフォーカスと文化
- 26　デジタル・テクノロジーの理解不足
- 25　人材の欠如
- 24　組織
- 23　ITインフラの欠如
- 21　資金の欠如
- 19　柔軟性に欠けるビジネスプロセス
- 18　デジタルと従来との対立
- 13　データの欠如
- 12　シニア層のサポートの欠如

出所：マッキンゼー「デジタル革命の本質：日本のリーダーへのメッセージ」

　情けない話だが、これが多くの日本企業の現実だろう。

　マッキンゼーがこのメッセージを出したのが、2020年9月。それから数年の月日が流れている。日本企業の経営陣と会食をする機会にDXの取り組み状況を伺うと「コロナ禍の中テレワークを始めましたが、コロナが明けた今、全員出社に戻っています」だとか「外部講師にDXの講演会をしてもらいましたが、その後なかなか社内で一歩踏み出せない状況です」とか、「何もしていないわけではないが、ほぼ何もしていない」のと同様な回答が返ってくることが多い。多くの日本企業の経営陣に対して、マッキンゼーのメッセージは、現在も十分に有効な提言であると言わざるを得ない。

　ただ、そういう経営陣の気持ちもわからなくもない。なぜならば、**DXによって何が変わり、何をDXの目標にすべきなのか、誰も教えてくれ**

ないからだ。そもそもDXとは何か。経済産業省は、「DX推進ガイドライン」で以下のように定義している。

　「企業がビジネス環境の激しい変化に対応し、データとデジタル技術を活用して、顧客や社会のニーズを基に、製品やサービス、ビジネスモデルを変革するとともに、業務そのものや、組織、プロセス、企業文化・風土を変革し、競争上の優位性を確立すること」

　霞が関らしいというか、中身を把握しにくい文章である。競争上の優位性を確立するのはよいのだが、「それをどうやってやるのか？」というところが重要である。それが企業の目標となるのだが、経済産業省の定義から日本企業の経営陣にDXの目標を考えよというのは、難しいだろう。

　そこで、本書では、流通小売業のDXの目標を以下のように定義する。
　**「流通小売業が、ビジネスに関わる様々なステークホルダーであるメーカー、卸、決済サービス業者、物流業者、ITベンダーと協業し、消費者行動データを分析し、今消費者がどういう購買行動をすることが彼らにとって一番幸せなことなのかを提案できるようにする。その提案に乗った消費者が幸せな購買行動を重ねていくことで、消費者が提案してくれた流通小売業を信頼し、長期的な関係を構築できる絆を固く結ぶ。そのために、DXという手段を採る」**
　目標は、消費者にとって幸せな購買行動を提案し、喜んでもらうことである。そして、信頼関係を構築することである。そうすれば、消費者は既存顧客となり、既存顧客と安定した関係を構築し、長期的に安定した売上を確保することができる。この目標を達成するために、流通小売業の企業活動をDXで変革するのだ。

　消費者行動データの活用により、流通小売業における競争優位性を築き上げる。これを本書では「データ資本主義」と定義したい。「データ資本主義」とはいったい何なのか?　バズワードとして存在してはいるが、まだ一般的に普及、認知されているわけではない言葉なので、その意味を詳しく解説していこう。

# 流通小売業に到来する「データ資本主義」の時代

　「データ資本主義」を考える前に、そもそも「資本主義とは一体何なのか?」ということから確認していく。「デジタル大辞泉」では以下のように解説されている。

　「封建制度に次いで現れ、産業革命によって確立された経済体制。生産手段を資本として私有する資本家が、自己の労働力以外に売るものを持たない労働者から労働力を商品として買い、それを上回る価値を持つ商品を生産して利潤を得る経済構造。生産活動は利潤追求を原動力とする市場メカニズムによって運営される」

## 資本主義のスタートは工業資本主義

　要するに、産業革命後、資本家による大規模工業化が進み始め、その結果、家内制手工業＝零細企業の競争力が失われ、そこでの働き手が労働者として大工場の中で働くようになった。また、地方でも農業の工業化＝大規模化が進み、零細農家の働き手は職を失い、そうした人々もまた都市に出てきて、大工場の中で労働者として働くようになったということだ。

　産業革命により、こうした労働者が労働集約的に生産活動をすること

で、工場を経営する資本家はこれまででは得られなかったような莫大な利潤を得ることができるようになった。このような**新しい利潤を得る手段の誕生というインパクトを世に与えたものこそ、資本主義**だったのである。

　その後、産業が高度化・細分化するにつれ、資本主義の定義も細分化していく。産業（工業）資本主義、金融資本主義、ネットワーク資本主義などだ。

　産業（工業）資本主義とは、一般的な資本主義とその意味合いは大差ない。なぜならば、産業革命後の資本主義は、大規模工業化を前提とした定義だったからだ。産業資本とは、18世紀後半から19世紀前半にかけての産業革命の結果成立した資本主義的生産の基軸となる資本形態のことであり、特に工業を基盤とする営利企業のことである。日本でも、1990年代初頭までの市場成長期においては、多くの製造業で需要量が供給量を越えており、このような産業資本による労働集約的な生産システムが市場ニーズに見事にマッチしていた[3]。したがって、**産業（工業）資本主義とは、製造業（メーカー）に当てはまってきた資本主義である**と言える。

　一方、**金融資本主義とは、銀行などの金融業に当てはまる資本主義**である。産業革命以降市場成長期が終焉する1990年代初頭まで、銀行が企業に融資し、その見返りとして役員を企業に送り込み、これまで検討してきた産業資本から利潤を追求していくモデルは長らく機能し、成功してきた。

　しかし、米国、ヨーロッパ諸国では1980年代から産業の成熟化が起こり、日本でも1990年代にバブルが崩壊する。市場は成長期から成熟期へ

---

3)　この頃の日本は「ものづくり立国」などと言い、製造業の競争力の高さを礼賛していた。

シフトし、産業資本から利潤を追求することが難しくなり、その結果、金融業では投資銀行やヘッジファンドなどの様々な金融イノベーション、やや嘲笑的に言えば「マネーゲーム」が生まれた。具体的には、証券化、ストラクチャード・ファイナンスや、デリバティブ、LBO（レバレッジド・バイアウト）などである。米国、イギリス、シンガポールなどは、こういった「新しい金融」を国家基幹産業とし、1990年代以降発展を遂げていく。

　一方で、この波に乗ることができなかった日本は、従来の基幹産業であるエレクトロニクスと自動車が衰退しつつあり、産業的に国家衰退の危機を迎えているわけである。

　このように見ていくと、**資本主義とは、ストレートに言うと利潤追求の仕組みを指しており、べたな言い方をすれば「儲け方」そのものである**ということがわかる。

## ネットワーク資本主義＝商品データの時代

　では、流通小売業における資本主義＝利潤追求の仕組み＝儲け方は何なのか。第2次世界大戦後、これまでの流通小売業の資本主義は、ネットワーク資本主義であった。ここで言うネットワーク資本主義には、2つの意味がある。それは**①チェーンストアを含む流通小売業の大規模ネットワーク化、②情報ネットワーク化、という意味**である。

　産業革命以降、工業＝製造業（メーカー）は、産業資本主義により大規模化＝大企業化を進めてきた。一方で流通小売業は、商店街に見られるような零細企業の集団であった。したがって、戦後1950年代までの製造業と流通小売業の関係は、大企業vs.零細企業であり、例えば価格決定権も製造業にあり、パワーバランスは完全に製造業優位の関係にあったのである。

このような状況に危機を感じた経営コンサルタントの渥美俊一は、1962年にチェーンストア理論を学ぶための教育機構であるペガサスクラブを設立。そこでは、イトーヨーカ堂の伊藤雅俊やジャスコ（2001年イオンに社名変更）の岡田卓也などが指導を受け、戦後日本を代表するチェーンストア企業に成長させた[4]。**①チェーンストアを含む流通小売業の大規模ネットワーク化により、製造業とのパワーバランスを適正化する、その結果メーカーに利潤を搾取されることをなくし、利潤拡大を図ることが、流通小売業のネットワーク資本主義**なのである。

②情報ネットワーク化とは、POSレジとPOSシステムにより売上登録をし、需給マッチングを流通小売業と製造業で行うこと、そして消費者への販売機会の拡大を目指すものである。日本では1990年代以降多くの産業が成熟化し、モノが売れなくなった。その中で流通小売業が売上を最大化するには、どの商品が売れるのかを明らかにして、その機会を最大化することが必要だったのである。

1970年代までは機械式レジスターで、店員が商品一つひとつの金額を入力していた。みかん100円、りんご150円と。そうするとレジスターは合計金額250円と計算してくれる。しかし、機械式レジスターの機能は、そこまでであった。

一方、POSレジスターと、POSシステムは、どの商品が、いつ、何個売れたのかということを記録できるようになる。「どの商品が」というのは商品のバーコードを読み取るので、POSレジスターは金額の手入力ではなく、バーコードリーダーでの商品＋金額の読み取りになる。日本では、1983年にセブン-イレブンが全店舗にPOSシステムの導入を行い、売れ筋商品の発見、調達リードタイムの短縮を図り、大きく成長を遂げることになった。**売れ筋商品の発見による利潤最大化、これもまた流通**

4) https://www.postas.co.jp/makesmiles/3742/

小売業のネットワーク資本主義であった。

## 注目すべきは消費者行動データ

　しかし、2023年現在、大手の流通小売業でPOSシステムを導入していない企業など、ほぼ存在しないだろう。したがって、単なるPOSシステムの導入は当たり前の話であり、資本主義＝「儲け方」にはならない。1990年代以降、日本の多くの産業は成熟化し、その結果、製造業とのパワーバランスも、むしろ流通小売業のほうが優位になっている。そのような状況において、流通小売業の競争優位性は、何に求められるのか。それが、「データ資本主義」＝データこそ競争優位の源泉＝データこそ儲けの源泉になるという考え方である。

　これまで検討してきたように、POSシステムが対象としてきたデータは、「どの商品が、いつ、何個売れたのか」だった。すなわち、商品に注目していたのである。「データ資本主義」では、商品データだけに注目するわけではない。「誰が、どの商品を、いつ、どんな目的で買ったのか」という消費者行動データに注目する。

　大切なことだからもう一度言う。「商品」のデータだけではない。「誰＝消費者」のデータこそが重要なのだ。

　大切なことだから、さらにもう一度繰り返す。「売れたのか」のデータではない。「買ったのか」のデータが重要なのである。

　流通小売業が理解しなければならないのは、売れ筋だけではない。目の前にいる消費者＝お客様である。商品やエクセルばかり見てないで、目の前にいる消費者＝お客様にもっと興味関心を持て！　お客様を自分

図表1-3　オンラインチャネルとリアル店舗の顧客理解解像度

| オンラインチャネル | リアル店舗 |
|---|---|
| 氏名 | — |
| 住所 | — |
| 電話番号 | — |
| 年齢 | 外観で判断するおおよその年齢 |
| ホームページ閲覧履歴 | 目の前の購買情報 |
| 過去の購買履歴 | — |

解像度が高い（くっきり）

解像度が低い（モザイク、ぼんやり）

の大切な家族同様に、大切な恋人同様に理解せよ！　ということなのである。

　「誰が、どの商品を、いつ、どんな目的で買ったのか」のうち、誰が、どの商品を、いつ買ったのかについて、オンラインチャネルは、20年以上前からリアル店舗に対して優位性を持っていた。なぜならば、オンラインチャネルでは、名前、住所、電話番号といった消費者IDを入力した上で購買をすることになるからだ。だから、オンラインチャネルでは、誰が、どの商品を、いつ買ったのか、すべてを把握することができる。そのログを残すことができる。

　一方、リアルチャネルにおいて、消費者はPOSレジスターの前で、「東京に住んでいる牧田と言います。現在53歳です。大学教授です」と名乗って購買をするわけではない。だから、POSシステムでは、髭を生

やしたおじさんが買い物をした。白髪交じりだから50代かなぁ？　くらいしかわからないわけだ（図表1-3）。

　このように消費者IDを取得するという視点で考えると、長らくリアル店舗は、オンラインチャネルに対して劣位であった。**その劣位を乗り越え、一気にオンラインチャネルに対して優位に立とうという戦略が「データ資本主義時代の次世代流通小売戦略」である**。では、どうすれば、リアル店舗は、オンラインチャネルに優位に立てるのか。その第一歩が、ID-POSである。

　ID-POSとは、POSレジスターを通す際に、ポイントカードやポイントアプリを提示することで、POSデータとIDを紐づけるものである。読者諸氏もスーパーマーケットやコンビニエンスストアで買い物をする際に、「ポイントカード（アプリ）をお持ちですか？」と尋ねられたことがあるだろう。

　同じポイントカードを使った購買は、「同じ消費者＝名無しの権兵衛さんではなく、消費者個々人」の購買行動として記録される。「このお客様は1週間に2度来店している」「2日前に来店したときはビールAを買ったが、今日は前回とは違うビールBを買った」といった、時間の流れに伴う購買行動の変化がわかるわけだ。また消費者の過去の購買行動がわかると、「このアイスは初めて購入した」「このビールは2回以上購入している」など、「初めての購入」「2回以上の購入＝リピート」といった「回数」もわかるようになる（図表1-4）。このように、ID-POSは、商品だけではなく、消費者個々人を軸として消費者の購買行動を分析することができるのである。

図表1-4　POSデータからID-POSデータへ

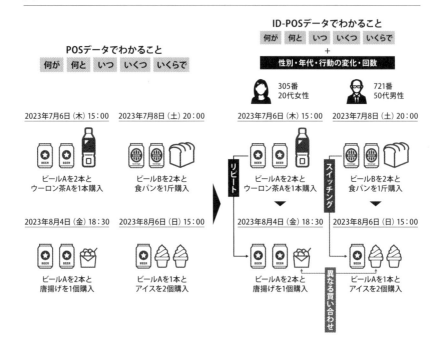

## 「購買前」から「購買後」までのデータを取得する

　ここまで検討してきたようにID-POSは、消費者個々人を軸として消費者購買データを取得できる素晴らしい仕組みである。しかし、先に述べたデータ資本主義の目標である「目の前にいる消費者＝お客様にもっと興味関心を持て！　お客様を自分の大切な家族同様に、大切な恋人同様に理解せよ！」という観点で考えると、全く不十分な状況だ。なぜならば、ID-POSは、消費者がどの商品を、いつ買ったのか「しか」わからないからである。

　消費者の購買行動は、突然「はい！　買う！」と行われるものではな

図表1-5　ID-POSの取得データ範囲 vs. データ資本主義の取得データ範囲

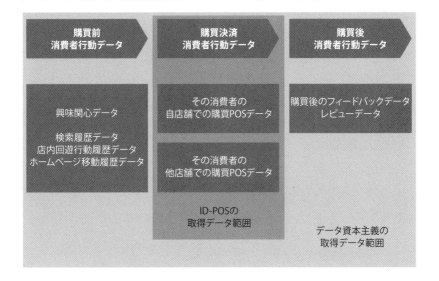

い。「あ！　こんな商品あるんだ！」と気づき、「あの商品気になるなー！」と興味を持ち、「どんな商品なんだろう？　みんなどう感じているのかな？」と検索し、「お！　良さそう。じゃあ買ってみよう！」と次第に気持ちが高ぶって購買が行われるのである。もちろん衝動買いのようにこのプロセスが瞬時に、または一部省かれて行われるものもあるが、いずれにせよ時間の長短はあれども概ねこのプロセスを経て消費者の購買は行われる（図表1-5）。

　また、購買後も、実際にその商品を使ってみて、「良かったなー！」「美味しかったなー！」「これ最低ー！」などと、消費者は様々な気持ちの高ぶり、落ち込みが生じる。この購買後の感情、心理の変化もまたデータ資本主義時代には理解しなければならない対象になる。消費者個々人の購買の瞬間だけではなく、購買前の消費者行動データ、購買後の消費者行動データまで取得できるようになって初めて、データ資本主義時代の

次世代チャネル戦略を検討できるようになるのである。

　ではここで、これまでの検討内容をまとめていく。次世代の流通小売業の資本主義＝利潤追求の仕組み＝儲け方は、以下のように説明することができる。

1.　流通小売業では、ネットワーク資本主義からデータ資本主義の時代へ変化する。
2.　商品の売れ筋データは重要であることには違いないが、そのレベルのデータは流通小売業である以上誰でも持っている。競争優位性はない。
3.　消費者個々人を理解する、商品軸ではない、消費者個々人軸でのデータ取得が求められる。
4.　購買の瞬間のみならず、購買前の消費者行動データ、購買後の消費者行動データも取得しなければならない。

　「データ資本主義」とは何なのかわかった今、「データ資本主義時代の次世代流通小売チャネル戦略」を考える上で必要なのは、後半の「次世代流通小売チャネル」とは一体どのようなビジネスモデルなのかということを明らかにすることである。この点については、章を改めて別途検討していこう。

# 第2章

# 流通小売業の
# 歴史と進化を振り返る

　第1章では、流通小売業におけるDX（デジタル・トランスフォーメーション）のあり方について検討し、DXの目標を「データ資本主義」という概念を用いて検討してきた。次に検討しなければならないのは、「データ資本主義」を実現する「次世代流通小売チャネル」のビジネスモデルである。

　ここで気をつけてほしいことがある。次世代のビジネスモデルは、いきなり生まれてくるものではないということだ。これまでの流通小売業の長い歴史を踏まえた上で、その礎の上に構築されるのが次世代のビジネスモデルなのである。そこで、これからしばらくの間、流通小売業の歴史を振り返り、流通小売業がどのように進化してきたのかを検討していく。

## 流通小売業の始まり、商店街の形成

　そもそも小売とは、生産者、製造業者や卸売業者から仕入れた商品を、消費者に販売することである。ここで出てきた「販売」という言葉に注目してほしい。販売とは、価値のあるものを提供して、対価（お金）を得ることである。流通小売業の始まりとお金＝貨幣は切っても切れない縁にある。そこで、流通小売業の始まりを、貨幣をきっかけに考えてみる。

　小学校や中学校で学んだ歴史を振り返ってみよう。日本の貨幣の歴史は、683年の富本銭、708年の和同開珎が始まりだと言われている。しかしその後、中国から貨幣が輸入されることはあっても、本格的に日本で貨幣が作られることはなかった。したがって、当時は不定期に開催される市くらい[1] が限られた販売機会であり、流通小売業の目覚ましい発展

---

1)　日曜日限定で行われる朝市などをイメージするとよい。

は、その後しばらくの間なかったと考えることができる。

　そしていよいよ、安土桃山時代に本格的な自由取引市場が登場する。織田信長の政策の一つでもあった楽市楽座だ。当時はまだ国産貨幣でなく、中国「明」から輸入した永楽通宝が流通していた時代だが、いずれにせよ、日本の中で商店街に近い場が形成され、流通小売形態が出来上がったと言える。

　その後、江戸時代になると日光街道や東海道などの街道沿いの宿場町、寺院の前の門前町などを中心に商店街が出来上がる。寺院の参道へ通じる商店街は、今でも浅草の仲見世など当時の雰囲気、名残りを残しているものもある。正に古（いにしえ）の商店街だ。

　この当時の店舗は資本をそれほど必要としない貧相なものが多かったようで、台風が来ると壊れてしまうようなものも多かったらしい。また、さらに簡素な屋台形式も多かった。

　そんな中、日本の流通小売業を大きく発展させるスーパースターが、1673年伊勢から江戸へやってきた。**三井高利**、52歳[2]（図表2-1）である。越後屋（後の三越）という呉服店を江戸本町一丁目[3]に開業した。三井の商売方法は当時では革新的で、以下のとおり、**現代の流通小売業にも通じる小売ビジネスモデル**を構築した。

1. 定価のないその場その場での価格交渉から、定価販売へ
2. ツケ（掛け）払いから、現金払いへ
3. 一反単位販売から切り売り販売へ

---

[2]　レイ・クロックがマクドナルドに参画し、フランチャイズ権を獲得したのも52歳。52歳からでも創業し成功を収めることが可能だということは、日本の中高年世代に対して大きな勇気を提供することになる。

[3]　現在の「日本橋三越本店」より若干日光街道寄り。というか、江戸時代は日光街道が大通りなので良い立地を選んだと言える。

図表2-1　三井家の家祖、三井高利

画像提供：三井文庫

　また、三井は三井両替店も経営し、これはその後三井銀行、現在の三井住友銀行へ発展していく。越後屋は1893年に三井呉服店となり、1904年には株式会社三越呉服店となる。その年12月21日、三井・三越の連名で三越呉服店が三井呉服店の営業をすべて引き継いだ案内と、今後の方針発表を行った。これこそが、日本の流通小売業を大きく近代化させる重大な方針発表だったのである。

## 百貨店の繁栄と流通小売業の近代化

　三越専務の日比翁助は、「デパートメントストア宣言」を全国主要新聞に広告掲載し（図表2-2）、三越を日本初の百貨店とするという今後の方針発表を行った。「デパートメントストア宣言」とは、以下のようなものである。

図表2-2　『朝日新聞』1905年1月2日付朝刊8面に掲載された全面広告

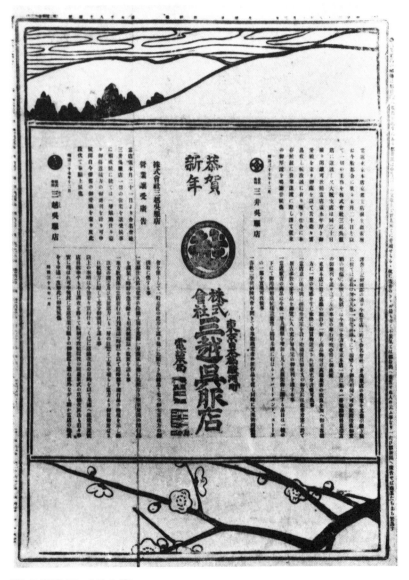

提供：三越伊勢丹ホールディングス

　「当店販売の商品は今後一層其種類を増加し凡そ衣服装飾に関する品目は一棟の下にて御用弁相成候様設備致し結局米国に行はるるデパートメント、ストーアの一部を実現可致候事」4)

　要するに、三越では、これまでの三越呉服店とは異なり、**呉服だけではなく百（とても多くの）貨（商品）を売りますよ**、ということだ。百貨店業態へ進出するという華々しい宣言ではあるが、その背景には、背に腹は代えられないものがあった。それは、ターゲット顧客の縮小、衰退である。

　呉服とは、和服用織物で小幅物を総称していう、要するに着物だ。それまで着物を購入していた三越呉服店の主要ターゲット顧客は、士族（武士）セグメントの女性だった。ところが1870年に平民の名字が許可され、1871年には、平民と華族、士族間の婚姻も可能となり四民平等となった。さらに、1876年には帯刀禁止令が出され、士族セグメントの懐事情は大いに悪化し、ターゲット顧客自体が消失の危機を迎えた。

　一方で、1883年には鹿鳴館が建設され、傾奇者（江戸時代）＝モダン（大正時代）＝お洒落（現代）な人たちは男女を問わず、洋装を好むようになる。その結果、三越呉服店も、呉服からその販売アイテムを拡大していったのである。

　三越と前後して、白木屋、髙島屋、松坂屋、大丸など呉服店を由来とする百貨店が次々と誕生する。その後、1920年代、30年代になると鉄道ターミナル駅に阪急百貨店、大軌百貨店（現・近鉄百貨店）など鉄道系の百貨店が誕生、百貨店繁栄の時代を迎えた。

---

4)　ことばマガジン「百貨店ができるまで」。
http://www.asahi.com/special/kotoba/archive2015/mukashino/2012082400001.html

図表2-3　ルネッサンス式の三越日本橋本店新館完成（1914年竣工）

提供：三越伊勢丹ホールディングス

　呉服店から百貨店への進化は、流通小売業の近代化でもあった。それ
までの呉服店では商品は店の奥の蔵にあった。しかし、**百貨店では
ショーウィンドウを設置し衣料品を中心とし、陳列をするようになった**
のである。そして、大食堂を設置した。これにより消費者が百貨店に滞
在する時間を長くすることができた。和風建築の呉服店に対し、鹿鳴館
時代の影響もあり大半の百貨店は洋風建築となった（図表2-3）。そし
て、何と言ってもレジスターである。そろばんを使って計算していた呉
服店に対し、日本では1910年頃から機械式レジスターを導入。決済の
近代化が進んでいった。

# 高度経済成長期とチェーンストアの覇権

　第2次世界大戦により、日本のインフラは壊滅的なダメージを受けた。しかし、朝鮮戦争勃発による特需を契機として、日本経済は奇跡の復活、その後高度経済成長期を迎える。1960年代、70年代は、新幹線、高速道路網など交通網の発展、東京オリンピック、大阪万博などによる文化、経済の発展、池田勇人内閣による所得倍増計画、田中角栄内閣による日本列島改造論など、これらの要素が流通小売業にも大きなインパクトを与えることになった。

## 高度経済成長期と国民総中流化

　1960年に総理大臣に就任した池田勇人は「国民所得倍増計画」を打ち出し、国民総生産を10年以内に26兆円（1958年度価格）に倍増させて、国民の生活水準を西欧先進国並みに到達させるという経済成長目標を設定した。これにより、完全雇用の達成と福祉国家の実現、国民各層間の所得格差の是正を図ることを目指したのである。これはとてもイージーな政策で、寝ていても実現できる政策だった。というのも、1960年代の経済成長率は、前半の実質経済成長率で年率9.2％、後半は年率11.1％。概ね10％だと言える。1万円を利回り10％で運用すると、7年目で19487円、10年目には25937円になるのである。だから池田内閣は寝ていても市場成長が勝手に所得倍増を実現してくれる政策を採用していたわけだ[5]。

　このように高度経済成長期において、日本国民全体の所得は増え続

---

[5]　令和時代、岸田文雄内閣が同様に所得倍増計画を提唱しているが、これはその実現が非常に難しいと言わざるを得ない。なぜならば、令和時代の経済成長率は1–3％程度。2％で計算すると10年後で12190円。非常に運が良ければこの程度までは増えるだろうが、実際はもっと下振れするだろうと予測されるからだ。

け、国民各層間の所得格差は是正された。1968年、日本の国民総生産は
世界2位となる。1970年、内閣府の「**国民生活に関する世論調査**」結果
によると、**生活の程度に対する回答は「中流」と答えた者が9割**となっ
た。「**一億総中流**」の時代である。

　日本国民の懐事情が大いに潤った高度経済成長期、「3C」（カラーテレ
ビ・クーラー・カー＝自家用車）の所有が、国民の豊かさの象徴となっ
た。日本人は競ってマイカーを所有するようになり、行動範囲が大きく
広がっていく。1972年、田中角栄内閣は日本列島を高速道路・新幹線・
本州四国連絡橋などの高速交通網で結び、地方の工業化を促進する政策
を掲げた。
　開発の候補地に挙げられた地域では投機家によって土地の買い占めが
行われて不動産ブームが起き、地価が急激に上昇した。この影響で物価
が上昇してインフレーションが発生し、1973年春頃には物価高が社会問
題化した。地価の上昇は、ドーナツ化現象を生み出す。郊外でのニュー
タウン建設と相俟って、都心から郊外への人口流出が起こった。

　これらの様々な政治的要因、経済的要因、社会的要因、技術的要因の
変化が、流通小売業界へも影響を与え、成功要因を変化させていった。
その結果、流通小売業の王様である百貨店が凋落、新たな流通王が誕生
する。このような分析をPEST（Politics, Economy, Society, Technology）
分析という（図表2-4）。市場環境の変化により、高度経済成長期に日本
の流通小売業がどう変化、進化していったのかを、見ていこう。

## 苦境に立たされる百貨店と成長するチェーンストア

　ドーナツ化現象が起きることで、消費の中心は都心から郊外へシフト
した。また、マイカーの普及＝モータリゼーションも、駐車場を持つ郊

図表2-4　PEST分析

| P | 法規制・規制緩和、国の政策、税制の見直し、政府の動向、市民団体（例：NPO）の動向、最高裁の判断変更、外交関係の動向など | 変化 | 業界に与える影響 |
| E | 景気、インフレ、デフレの進行、為替、金利、経済成長率、日銀短観、失業率、鉱工業指数など | 変化 | 業界に与える影響 |
| S | 人口動態、世帯数、世論・社会の意識、教育、犯罪、環境、健康、文化に関する情報など | 変化 | 業界に与える影響 |
| T | 技術革新、特許、情報提供企業の投資動向など | 変化 | 業界に与える影響 |

その業界における成功要因(KSF)が今後どのように変わるのかを明らかにする

外流通小売業での消費を誘発する。都心や駅前という立地が流通小売業の競争優位性ではなくなったのである。

　高度経済成長期とは、国民の懐事情が良くなる時代であるのと同時にインフレの時代でもあった。毎年給料が上昇する一方で、物価も上昇する。この物価上昇にどう対処するかも、当時の流通小売業の主要課題であった。

　そして、この市場環境変化の下、チェーンストアという業態が大きく飛躍することになる。チェーンストアとは、大資本を元手にブランド、経営方針、サービスの内容、外観などに統一性を持たせ、多数の店舗の運営や管理を行う経営形態のことである。

　読者諸氏にもお馴染みだと思うが、GMS（ゼネラルマーチャンダイズストア）で言えば、イオンやイトーヨーカドーなど、コンビニエンスストアで言えば、セブン-イレブン、ファミリーマート、ローソンなど、ドラッグストアで言えば、ウエルシア、ツルハ、マツモトキヨシなど。

我々の身近に存在する流通小売業だ。

　**チェーンストアはドーナツ化現象で消費の中心となった郊外へ出店。大きな駐車場を併設した。**モータリゼーションによりクルマ移動が普及した当時の消費者に対して、**駐車場は高い利便性を提供することになる。**百貨店で買い物をすると電車で出かけた場合、重い荷物を手で持って自宅へ帰らなければならないことになる。百貨店から最寄り駅へ、電車に乗り、自宅の最寄り駅からさらに自宅まで。まあ面倒くさい。しかし、マイカーを利用すれば、チェーンストアから駐車場へ、クルマに荷物を載せて、自宅の駐車場から玄関へと、重い荷物があっても移動が非常に楽になるわけだ。

　そして、当時毎年続く物価上昇に対しても、チェーンストアは高い競争優位性を持っていた。というのも、**チェーンストアは多数の店舗で販売する商品を本部で一括購買するため、大量仕入れによる高い交渉力で安く仕入れることができ、その結果、薄利多売を強力に推進することができた**からである。

## ■ チェーンストアの覇権、「流通王」の誕生

　このような時代背景の中、それまで流通小売業の王様であった百貨店に代わる、新たな流通王が誕生する。1957年、大阪市千林に小さな薬局「主婦の店・ダイエー薬局」を開き、そして1958年神戸市三宮でダイエーという小さなスーパーを創業した、**中内㓛**だ（図表2-5）。

　SC（ショッピングセンター）やGMSを日本で初めて導入したダイエーは、阪神地区を中心に商圏を築き、1960年代後半から1970年代にかけて大きく発展し全国展開を進めた。創業10年後の1968年には既に西武百貨店や阪急百貨店の売上を抜く。その勢いはとどまるところを知らず、**1972年には流通小売業の王様であった三越の売上を抜き、流通小売業の**

図表2-5　ダイエーの創業者、中内功

撮影：高橋孫一郎

**売上1位を獲得、名実ともに新たな流通王となった。**

　中内は、**価格の決定権を製造業（メーカー）から消費者に取り返すことを信念**として、「いくらで売ろうともダイエーの勝手で、製造業（メーカー）には文句を言わせない」という姿勢を貫いた。「よい品をどんどん安く（GOOD QUALITY BEST PRICE）」「お客様のために（For the Customers）」の方針で事業を進めた。商店街の時代は、大企業の製造業（メーカー）に対し、零細企業の流通小売業という構図で、価格決定権は製造業にありパワーバランスは完全に製造業優位の関係にあった。しかし、**ダイエーは、チェーンストア化による大企業化を図り、パワーバランスを互角のものにした。**

　1964年には、松下電器産業（現・パナソニック）とテレビの値引き販売をめぐって「ダイエー・松下戦争」、1965年には花王石鹸（現・花王）

図表2-6　日本の流通小売業売上高ランキング

| | 1968年 | 1978年 | 1988年 | 2008年 |
|---|---|---|---|---|
| 1位 | 三越（百貨店） | ダイエー（GMS） | ダイエー（GMS） | セブン-イレブン（コンビニ） |
| 2位 | 大丸（百貨店） | イトーヨーカ堂（GMS） | セブン-イレブン（コンビニ） | イオン（GMS） |
| 3位 | 髙島屋（百貨店） | 西友（GMS） | イトーヨーカ堂（GMS） | ローソン（コンビニ） |
| 4位 | 鉄道弘済会（キオスク） | ジャスコ（GMS） | ジャスコ（GMS） | ファミリーマート（コンビニ） |
| 5位 | 松坂屋（百貨店） | 西武百貨店（百貨店） | ローソン（コンビニ） | ファーストリテイリング（専門店） |
| 6位 | ダイエー（GMS） | 三越（百貨店） | マイカル（GMS） | ヤマダ電機（専門店） |
| 7位 | 西武百貨店（百貨店） | セブン-イレブン（コンビニ） | 髙島屋（百貨店） | イトーヨーカ堂（GMS） |
| 8位 | 西友ストアー（GMS） | ニチイ（GMS） | 西友（GMS） | 三越伊勢丹（百貨店） |
| 9位 | 阪急百貨店（百貨店） | 髙島屋（百貨店） | ユニー（GMS） | J. フロントリテイリング（百貨店） |
| 10位 | 伊勢丹（百貨店） | 大丸（百貨店） | ファミリーマート（コンビニ） | 髙島屋（百貨店） |

出所：各種資料をもとに筆者作成

がダイエーへの出荷を停止し「ダイエー・花王戦争」が勃発。ダイエーはこれら業界1位の製造業とも互角に渡り合い、消費者、特に主婦の声を味方につけ、高い支持を得た。こうして破竹の勢いで成長するダイエーは、1980年2月16日に日本で初めて流通小売業界として売上1兆円を達成した。

　1978年の流通小売業売上ランキングは1位ダイエー、2位イトーヨーカ堂、3位西友、4位ジャスコ、5位西武百貨店で、4位まですべてGMS業態のチェーンストア。**高度経済成長期の覇権を握ったのは、正にチェーンストアだったのである**（図表2-6）。

# 市場成熟期、仮説検証マーケティングの誕生

中内功は、1988年4月神戸市に流通科学大学を開学する[6]。英語名は、University of Marketing and Distribution Sciences。Marketing という言葉が入っているが、日本名には「マーケティング」が入っていない。なぜなのか。**市場成長期におけるマーケティングは、現在我々が考えているマーケティングとは意味が異なっていたからである。**

## 市場成長期と市場成熟期の「マーケティング」の違い

これまで見てきたように市場成長期とは、市場が成長する＝需要量が供給量よりも多い時期ということである。小売店の現場を見ると、店頭で欠品が多発している状態、これが需要過多の市場成長期だということだ。

読者諸氏の中には市場成長期を経験したことがない人もいるかもしれない。そうだとするとなかなかイメージしにくいと思うが、最近この需要量が供給量よりも多い機会があった。その機会を思い出してしっかりとイメージしてほしい。

2020年3月、4月を思い出してみよう。新型コロナウイルス感染者が日本でも確認され、緊急事態宣言が発出された。消費者は感染を防ぐため、マスクを求め、朝から長い行列を作った。これが、需要量が供給量を上回っている状態である。消費者は、マスクを求め、スーパーマーケット、ドラッグストアをあちこち巡るが、どこに行ってもマスクコー

---

[6] その当時、私はちょうど高校3年生で大学受験をしていたので、新しい大学が開学されたことをよく覚えている。

ナーにはマスクがない。欠品状態が続いている。

　このような状況において小売店が行うべきことは一つである。何とか商品を仕入れて、店頭に並べることだ。したがって、**市場成長期において重要なのは、とにかく「流通」。商品を欠品させないことだったのである**。

　一方、市場成熟期になると、需要が減少し供給量が上回る。そうなると、小売店の現場は、常に以下のような状態になる。すなわち、棚には商品が常に埋まっている。消費者の視点で考えると、いろいろ選択肢がある状態になる。さらに消費者は市場成長期に様々な商品の使用体験を持ち、自分なりの好み、こだわりを持つようになる。顧客ニーズが細分化していくことになる。画一的な商品ではなく、自分の好み、こだわりに合った商品でないと、購買しなくなるのだ。

　このような状況において小売店が行うべきことは一つである。**細分化された顧客ニーズを把握し、それに対応することである。何が売れ筋で、何が死に筋なのかを明らかにし、それに素早く対応すること、正に現在**我々が日常的に使用している「マーケティング」の概念は、市場成熟期においてこそ重要なのである（図表2-7）。

　流通科学大学の日本名は、正に市場成長期にできた大学だからこそその日本名だった。しかし、1990年代初頭、バブルが崩壊する。日本市場は、市場成長期から市場成熟期、市場衰退期へシフトすることとなった[7]。

　**ダイエーの競争優位性は、インフレ時の物価高騰に対してお客様のためにより安く商品を提供することだった。市場が成熟し、物価が上がらないデフレ期に入ると、その優位性は競争力を持たなくなる。**1990年代

---

7)　バブル崩壊後、失われた30年などということがあるが、特に失われたものはない。単に市場成長期から市場成熟期へシフトしただけである。なので、市場再成長といったどうあがいても無理なことは考えないほうがよい。

図表2-7　市場成長期と市場成熟期の成功要因の変化

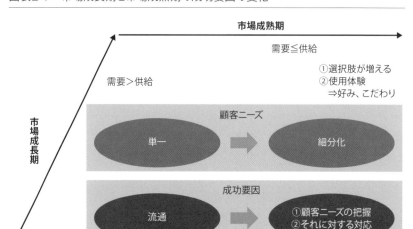

以降、ダイエーは凋落傾向となり、2015年、イオンの完全子会社となり
イオンの軍門に降ることになった。

## 仮説検証のマーケティングへ、「小売の神様」の誕生

　これまで検討してきたように、市場成熟期における流通小売業の成功
要因は、細分化された顧客ニーズを把握し、それに対応すること、何が
売れ筋で、何が死に筋なのかを明らかにし、それに素早く対応すること
である。それを科学的に行い、流通小売業の新たな覇権を握ったのが、
「小売の神様」**鈴木敏文**（図表2-8）率いるセブン-イレブンである[8]。

　セブン-イレブンでは、1982年10月、POSシステム導入を開始し、

---

8)　これで王様、神様が登場した。次の流通小売業のカリスマがどのようなニックネームをつけられるの
　　か、実に楽しみである。

図表2-8　日本でセブン-イレブンを立ち上げた「小売の神様」鈴木敏文

撮影：今井康一

1983年には、全店に導入している。POSシステムについては第1章でも検討したが、POSとは、「Point of Sale」の略称で、日本語では「販売時点情報管理」と訳す。

　どの店舗で、いつ、どのような商品が、どのような価格で、いくつ販売されたかといった情報を収集できるシステムの総称を「POSシステム」と呼ぶ。**消費者ニーズが細分化していく中、何が売れ筋で、何が死に筋なのかを明らかにする。**これがPOSシステムの目的である。

　単に売れ筋、死に筋を明らかにするだけでは意味がなく、そこから製造業（メーカー）、卸業者に適切な量を発注し、物流業者が適切なタイミングで納品し、最適なタイミングでコンビニエンスストアの棚が埋まっている状態にし、店舗売上を最大化しなければならない。そのためには、何が必要なのか。それが、**仮説構築⇒発注⇒売り場展開⇒検証のプロセ**

スと高速サイクルである。

　セブン-イレブンの店長は、まず仮説を構築し、商品の発注アイテム、発注量を決定する。これがPOSデータだけで決められるのであれば、これほどイージーな仕事はない。過去の売上実績を基に発注量を決めるだけの話だからだ。

　しかし、発注とは過去ではなく、未来の売上創造のために行うものである。だから、コンビニエンスストアへ来客する消費者を観察し、天気、気温、商圏内のイベント、学校行事などを勘案し、自分なりの仮説を立てる。正に仮説思考を行うわけだ。

　仮説とは何か。仮説とは帰納法の一つであり、その根拠として客観的事実と論理的推論が混在しているものである。根拠の中に論理的とは言え主観的推論が混在しているので、そこから得られる結論は100％正しいとは言えない。だから仮の結論であり、仮説と呼ぶのである（図表2-9）。

　仮に発注がPOSデータだけで行われるのであれば、それは客観的事実からのみ結論を導き出す帰納法の世界になる。データさえあれば、同一商圏内のコンビニエンスストア各社は同じ発注になるだろう。そうではなく、**発注に差が生じ、その結果売上に差が生じるのは、発注力の差、言い換えれば、仮説構築力の差があるからということになる。ここにセブン-イレブンの競争優位性がある**（図表2-10）。

## 仮説検証のマーケティングを支える情報システム

　このように細分化された消費者ニーズを把握する能力は必要なのだが、それだけで店舗売上を最大化できるわけではない。ニーズに対応する力が求められる。そこには、製造業（メーカー）、卸業者、物流業者とのシームレスな一体化した協力体制が必要となる。

図表2-9　仮説思考で得るのは「仮の結論」

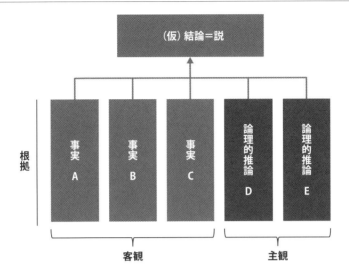

図表2-10　セブン-イレブンの競争優位性

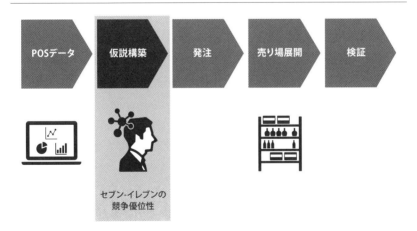

1991年、セブン-イレブンはISDN（統合デジタル通信網：NTT）の導入を開始し、店舗−ベンダー−本部間でやり取りされる大量のデータをリアルタイムで伝達することを可能とした。これにより、本部が店舗の売上情報をリアルタイムで把握できるようになり、商品調達や店舗への情報発信の飛躍的な迅速化が可能となった。

1996年には、「ネットワークシステム」、「発注・物流・取引先システム」の導入を開始し、衛星通信とISDNを統合した世界最大規模のネットワークを構築した。コンビニエンスストアのデイリー商品の中には、発注の最終締め切りから納品までの時間が、わずか10時間というアイテムもある。これが実現できるのは、正に流通小売業＝製造業＋卸、物流業者＋小売業で培った競争力であるからである。

2001年、セブン-イレブンの売上高は2兆円を超え、1972年に三越から流通小売業1位の座を奪いとったダイエーの売上を追い抜いた。業界1位の座を手にしたのである。

**1990年代以降、日本市場は成熟期を迎え、成長しなくなった。その中で消費者ニーズは細分化し、それに対応することが求められるようになった。この新たな成功要因を実現するための取り組みこそ、セブン-イレブンのPOSシステムを活用した仮説検証型マーケティングだったのである。**

## オンラインチャネルの台頭、リアル店舗は葛藤から超克へ

1995年、後に流通小売業を含む世の中全体へ大きなインパクトを与える製品が登場した。Windows95である。Windows95はネットワーク機能を搭載し、インターネットの利活用を容易にした。また、真っ黒な画面に文字が並んでいたWindows3.1から、カラー画面上にカラーのアイコン

が並び、ユーザーはコンピュータを視覚的に直感的に操作できるように
なった。

　それまで200万台に届かなかったパソコンの出荷台数は、1995年に
500万台、1996年に753万台、2000年には1210万台と一気に日本市場に
普及する。**パソコンが特別な人が使うものから、みんなが使えるものに
変化していったのだ。**そして、1997年、エム・ディー・エム（現・楽天
グループ）が「楽天市場」を開始する。1999年には「Yahoo!ショッピン
グ」、2000年にはAmazonが日本市場で書籍販売を開始した。オンライン
チャネルの台頭である。

　ちょうどこの頃、私は外資系コンサルティング会社で製造業や流通小
売業のオンラインチャネル参入支援のコンサルティングを行っていた。
当時は「ブリックアンドモルタル（brick and mortar）からクリックアン
ドモルタル（click and mortar）へ」を標榜し、様々な日本企業に対して
オンラインチャネル参入のコンサルティングを行っていた。

　ブリックアンドモルタルとは、ブリック（レンガ）とモルタル（漆喰）
を意味し、リアル店舗を意味する。クリックとはオンラインチャネルを
意味し、2000年代初頭から「いち早くオンラインチャネルに参入するに
はどうしたらよいのか、事業戦略として検討する」支援を行ってきたわ
けだ。

　しかし、**日本の製造業や流通小売業の多くは、この大きなインパクト
を与えるパラダイムシフトとも言える状況に大混乱し、困惑していた。**
そこで、オンラインチャネルの台頭に対し、既存の流通小売業がどのよ
うに大混乱し、どうやって、それを乗り越えていったのか、2000年以降
20年間の歩みを「ヒーローズ・ジャーニー（英雄の旅）」を活用しなが
ら振り返って考えてみよう。

　2000年代の既存の流通小売業の歩みは、正に『ドラゴンボール』であ

り、『スター・ウォーズ』であり、『ハリー・ポッター』であり、『仮面ライダー』であり、ジャッキー・チェンの「○○拳」シリーズであった。

## ヨドバシカメラの「ヒーローズ・ジャーニー」

「ヒーローズ・ジャーニー」とは、米国の神話学者であるジョーゼフ・キャンベルが、世界中の神話を研究しているうちに、ストーリーの共通パターンを発見したものである。姿、形、世界観などは違っていても、神話の主人公たちが辿っている道のりは多くの共通点があり、実は一つの成長のプロセスを表していることを発見する。

ジョージ・ルーカスが『スター・ウォーズ』のシナリオ作りで煮詰まり、どうストーリーを展開すれば面白くなるのかを検討するときに「ヒーローズ・ジャーニー」に出会い、参考にしたと言われている。その「ヒーローズ・ジャーニー」は、以下の8つのプロセスに分解される（図表2-11）。

1. 平和な日常
2. 強敵の登場による日常の変化
3. 拒絶、葛藤
4. 師との出会い⇒修行
5. 試練⇒鍛錬
6. 強敵との戦い
7. 勝利
8. 日常への帰還

漫画であれ、アニメであれ、映画であれ、ヒーローものにはお馴染みのパターンである。1980年代に大ヒットしたジャッキー・チェンの『ド

図表2-11　「ヒーローズ・ジャーニー」の8つのプロセス

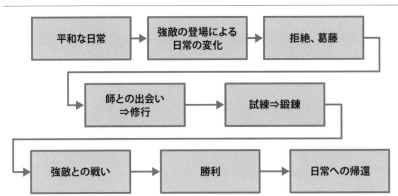

ランクモンキー 酔拳』『少林寺木人拳』などは、正にこのパターンであり、平和な日常に強敵が登場。家族や友人に危害を加える。主人公のジャッキーは戦いを挑むが、あっけなく敗れる。悩み、葛藤しているところでひょんなことから師と出会い、修行に励む。そして、大きく成長。再び強敵と戦い、激闘の末、大勝利。日常へ復帰する。

　映画『ロッキー』シリーズもたいていこのパターンだし、映画『ハリー・ポッター』もそうだ。読者諸氏にとっても、馴染み深いシナリオだろう。そして、2000年代の既存の流通小売業も、正にこの「ヒーローズ・ジャーニー」のフレームワークの中で、葛藤し、そして、超克したのである。ここからは、映画を観るような気持ちで、読み進めてほしい。

　時は2000年前後。今回の主人公は家電量販店「ヨドバシカメラ」だ。ヨドバシカメラは1960年、東京・渋谷で藤沢写真商会を創業したのが始まりである。カメラの卸売や小売から出発し、来店時に他の製品も購入したいという顧客の要望に応じて家電やパソコン、そして日用品へと取扱商品を増やしていった。順調に成長を遂げ、平和な日常を過ごしてきた。

だが、平和な日常の雲行きが怪しくなってくる。2000年当時、楽天市場が登場し、Amazonも日本でサービスを開始していた。2000年の日本のオンラインチャネル市場規模は8240億円。流通小売業全体の市場規模約140兆円から考えるとまだまだ微々たるものであり、気にするほどのものでもなかった。

しかし、1999年の3360億円と比較すれば倍増しており、2001年には1兆4840億円に拡大している。オンラインチャネルという不気味な存在は、いずれ必ず自分にも影響を及ぼしてくる。

とはいえ、どう対処すべきなのかは未だ皆目見当がつかない状態。これが、オンラインチャネルという「強敵」が日本にも登場してきた時代の家電量販店の姿であった。漫画や映画と違い、強敵はそれほど強敵ではなく、でも、これから強敵になりそうな予感がビンビンしていたのである。

## 最初はオンラインチャネルから目を背けていた

「強敵の登場」の時代においては、外資系コンサルティング会社では「EC市場予測」だとか「自社におけるEC市場参入の事業性評価」とかいったコンサルティング案件が非常に多かったのだが、実際にオンラインチャネルに積極的に事業投資を行う日本企業はまれで、誰もが「強敵の登場」に二の足を踏んでいる状態であった。

そんな中、ヨドバシカメラは1997年ヨドバシ・ドット・コムのサービスを開始する。手探り状態でのスタートであり、正直それほど力を入れてもいなかった。よって、2002年でもヨドバシ・ドット・コムの売上は100億円以下[9]。とりあえずオンラインチャネルにも参入しておいたという状態にとどまっていた。

　その後、オンラインチャネルは日本でも順調に成長していく。流通小売業全体の市場規模が135-140兆円程度で伸び悩み、むしろ衰退傾向がある中で、オンラインチャネル市場規模は2002年の2.7兆円が2005年に3.5兆円、2008年に6.1兆円となり、順調に成長していた。

　この時期、**家電量販店を始めとした流通小売業の多くは、オンラインチャネルに対し、その変化から目を背けて、その変化に困惑、動揺する「拒絶、葛藤」の状態にあった。**

　そもそもオンラインチャネルが成長していると言っても2005年で3.5兆円である。流通小売市場規模全体から見れば微々たるものであり、それほど恐れるものではないと考えられることも多かった。

　そして、一般的にオンラインチャネルのほうがリアル店舗よりも小売価格が低かったことから、オンラインチャネルに対応すると値崩れが起きる、既存の取引先、他のリアル店舗に申し訳が立たないといった問題もあった。

　また、2000年代初頭のオンラインチャネルは、注文後手元に商品が届くまで数日かかることもざらであり、急ぐアイテムを購入するチャネルとしては適していなかった。よって、急ぎのアイテムはリアル店舗、急がないアイテムはオンラインチャネルと「すみ分け」できるのではないかと考える節もあった。

　だから、この時期家電量販店に出向き店員に「ネットショップではこの価格なんだけど」と交渉しても、「いやー、ネットショップとウチは違いますからねー。価格を一緒になんかできません。ウチの価格でご納得いただけないのであれば、ネットショップでどうぞー（笑）」といった強

9)　日経XTECH。
https://xtech.nikkei.com/it/members/NIS/JIREI/20030612/1/

気なのか、オンラインチャネルを否定しているのかわからない態度をとられることが多かった。

## 薄型テレビバブルに沸いた2000年代の家電量販店

そして、この時期家電量販店が強気でいられた理由、オンラインチャネルを直視しなくても「拒絶」していてもよかった理由があった。**絶好調の薄型テレビである**。2000年代初頭から市場に導入された薄型テレビ（液晶テレビ＋プラズマテレビ）は、2000年代に急速に普及し、2008年1000万台超、2009年1500万台超、2010年には2500万台以上が出荷された。2000年時点のテレビ出荷1000万台超がほぼすべてブラウン管テレビだったのが、液晶テレビとプラズマテレビに置き換わっていったわけだ。

当時液晶テレビをけん引していたシャープは、2007年に営業利益1865億円、経常利益1705億円と過去最高益を記録する。ソニーもまた2008年純利益3649億円、こちらも過去最高益を記録した。

家電メーカーが絶好調ということは、当然家電量販店も絶好調であり、ヨドバシカメラの経常利益も2006年339億円、2008年400億円、2010年485億円と右肩上がりで成長を続けた。ゆえに、**当時の家電量販店にとってオンラインチャネルは決して気にならない存在ではなかったはずだが、直視しなくても「拒絶」していてもよかった時代だったのである**。

しかし、2011年以降風向きが変わる。薄型テレビの出荷台数は急激に減少し、ピーク時の5分の1程度の500万台前後で推移する。なぜか。2011年にテレビの地上波がアナログからデジタル化され、多くのブラウン管テレビはデジタル放送を受信できず、その結果2000-2010年に大きな買い替え需要が喚起されたからである。したがって、**2000年代の薄型テレビ市場急成長は、テレビ需要の先食いだった**。だから、デジタル放

送開始後は、その反動がきて大きく市場が縮小したのである。

　日本の薄型テレビメーカーの代名詞だったシャープは、2012年液晶テレビの採算が悪化、最終損益は3760億円の赤字となる。希望退職で3000人がシャープから離れることになった。2013年には赤字幅が5453億円に拡大。凋落の一途を辿ることになる。同様に、ヨドバシカメラも経常利益が2011年610億円、2012年531億円、2013年469億円と右肩下がりの苦境にさらされた。

　ここにきて、家電量販店を始めとする流通小売業は、オンラインチャネルを直視せざるを得なくなった。薄型テレビ狂乱の時代が終わり、リアル店舗の収益は下がり続ける。一方、オンラインチャネル市場規模は2013年11.2兆円まで成長していた。オンラインチャネルは確実に「強敵」化してきており、このまま「拒絶」できる状態ではなくなってきていたのである。

## スマートフォンがもたらしたショールーミング

　少し時計の針を元に戻そう。日本では2008年にiPhone 3Gが発売され、2009年にはアンドロイド端末も発売された。スマートフォン時代の到来である。日本市場では既に携帯電話が相当普及していたこともあり、スマートフォンの普及率は2010年で9.4％しかなかった。しかし、そこから急速に普及し2011年29.3％、2012年49.5％、2013年62.6％と、一気に市場に浸透することになる。この手のひらサイズのコンピュータシステムは、オンラインチャネルとリアル店舗の関係にも大きく影響することとなった。ショールーミングである。

　ショールーミングとは、リアル店舗で商品を実際に触ってみながら確認し、何かわからないことがあれば店員から説明を受ける。それで購買意欲が高まったら、リアル店舗でその商品を購入するのではなく、オンラインチャネルで購入する行動をいう。消費者からしてみれば当たり前

の行動である。

1. オンラインチャネルでは実際に商品を確認できない。だから、リアル店舗で商品を確認する。わからないことがあれば、その商品をよくわかっている店員が目の前にいるので、質問や相談もできる。
2. しかし、人件費、チャネルコストがかからない分、リアル店舗よりオンラインチャネルのほうが、価格が安い。
3. ポケットの中にはスマートフォンがあり、そこからすぐにオンラインチャネルで商品を購入することができる。

　それゆえ、消費者はリアル店舗で商品を購入するのではなく、オンラインチャネルで商品を購入するわけだ。リアル店舗からすれば、たまったものではない。店頭展示品を消費者にいじくりまわされ、さんざん商品説明につき合わされる。ところが、消費者はリアル店舗で商品を購入せず、自分のスマートフォンを使いオンラインチャネルで購入する。その店員は、怒り心頭だったはずだ。
　しかし、当時はコスト構造的にオンラインチャネルと同価格にすることは難しかった。店員はノルマの売上を確保することが難しくなり、困惑する。2012年の調査によれば、米国内では消費者の35%がショールーミングを行っていたという。イギリスの流通小売業ジェソップスは、ショールーミングにより売上が激減。倒産に追い込まれた。ショールーミングにより、リアル店舗は「葛藤」していたのである。

## オンラインチャネルに「追いつく」ヨドバシカメラ

　それでも、日本の流通小売業は決してショールーミングに屈することはなかった。この状況において「修行」し「鍛錬」していく。では、どうやって日本の流通小売業はオンラインチャネルの大波の中で「修行」

「鍛錬」していったのだろうか。そのプロセスは2つの段階に分けることができる。「追いつく段階」、そして「追い越す段階」だ。ここでもまた、ヨドバシカメラを題材に「追いつく段階」から見ていこう。

　この時期、消費者の多くがスマートフォンを手にし始めていた。それは流通小売業にとっては**「消費者の手の中に、ポケットの中に、オンラインチャネルの入り口ができてしまった」**ということを意味していた。**消費者にとって一番最寄りのお店は、コンビニエンスストアでもスーパーマーケットでもない。ポケットの中にあるオンラインチャネルだった**のである。仮に自宅の隣にコンビニエンスストアがあっても、それは最寄りのお店ではなくなっていたのだ。だから、「追いつく段階」でリアル店舗がまず行うべきはオンラインチャネルを持つことだった。とはいえ、リアル店舗がオンラインチャネルを開設したからといって、それがすぐさま競争優位性を持ち、売れていくわけではない。

　振り返って考えると、2000年代初期のオンラインチャネルの競争優位性は「品揃え」だった。オンラインチャネルでの書籍販売でスタートしたAmazonは、2001年CD、DVD、ビデオの取り扱いをスタート。品揃えはさらに拡大し、「ゲーム・おもちゃ・ホビー」「ホーム＆キッチン」など2008年には14種類に拡大、サービス開始後初のサイトリニューアルを行っている（図表2-12）。1997年13店舗でサービスをスタートした楽天も、積極的に店舗数を拡大し、品揃えの拡充に注力した。そして、2004年に1万店、2007年に2万店、2009年には3万店を擁する一大モールに成長している。このように初期のオンラインチャネルの競争軸は「品揃え」拡大競争だった。

　遅れること数年、2012年ヨドバシカメラは、オンラインチャネルの拡充に大幅に舵を切る。ヨドバシカメラのオンラインチャネルであるヨド

図表2-12　2008年当時のAmazonトップページ

バシ・ドット・コムの品揃えを大幅に拡充し、実店舗の取扱商品約83万
アイテムのほぼ全商品をヨドバシ・ドット・コムに掲載した。この時点
で、ヨドバシ・ドット・コムは、「新宿西口本店」や「マルチメディア
Akiba」同様、重要な店舗の一つになったと考えられる。

　リアル店舗同士でもそうだが、流通小売業の競争優位性は「品揃え」

だけで構築されるものではない。**もう一つの重要な競争優位性が「価格」である**。ヨドバシカメラは販売現場のオペレーション改革などによるコスト削減を行い、リアル店舗の価格とヨドバシ・ドット・コムの価格を同一にし、Amazonや楽天とも互角に戦える価格帯にした。流通小売業のコアとなる競争優位性においてヨドバシカメラは他のオンラインチャネルに「追いついた」のである。

## オンラインチャネルを「追い越す」ヨドバシカメラ

　製品やサービスの競争優位性は市場の成長、成熟段階によってシフトしていく。これをフィリップ・コトラーのプロダクト3層モデルで説明していく（図表2-13）。**流通小売業の中核（コア）となる価値は、「欲しいものを安く買える」こと**である。だからリアル店舗であろうとオンラインチャネルであろうと**「品揃え」と「価格」が競争優位性となる**わけだ。だから、リアル店舗もオンラインチャネルも「品揃え」と「価格」で顧客満足の最大化を図っていく。

　その結末はどうなるのか。それは、いずれの店舗も十分な「品揃え」になり、いずれのチャネルも満足できる「価格」になるということである。すなわち**「品揃え」や「価格」では差別化できなくなる＝競争優位性ではなくなる**ということである。

　そこで、リアル店舗、オンラインチャネルともに次の競争優位性を求めて激しくせめぎ合うことになる。それが、「実体」に含まれる**「使い勝手の良さ」**である。店舗デザイン、陳列棚の見やすさ、検索性の良さなどだ。そこで、オンラインチャネルでもこの時期、ユーザーインターフェース、ユーザーエクスペリエンス（UX）の向上のためサイトリニューアルが幾度も行われた。これにより、ユーザーはより直感的に楽に自分が欲しいもの、関心があるものを検索することができ、閲覧でき

図表2-13　コトラーのプロダクト3層モデル

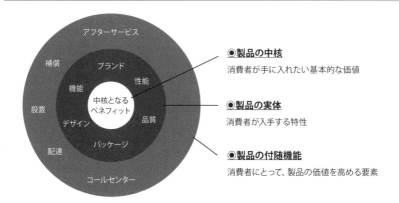

◉**製品の中核**
消費者が手に入れたい基本的な価値

◉**製品の実体**
消費者が入手する特性

◉**製品の付随機能**
消費者にとって、製品の価値を高める要素

るようになった。

　同じことは繰り返す。リアル店舗もオンラインチャネルもサイトリニューアルで「使い勝手」の顧客満足の最大化を図っていく。その結末はどうなるのか。それは、いずれの店舗も十分な「使い勝手」になるということである。すなわち**「使い勝手」では差別化できなくなる＝競争優位ではなくなる**ということになってしまった。

　市場が成長、成熟するにしたがって、差別化要因＝競争優位性はどんどん移ろいシフトしていく。「中核（コア）」「実体」でも差別化できなくなると、次は**「付随機能」**である。ここにヨドバシカメラのチャンスがあった。「付随機能」でヨドバシカメラは、Amazonを「追い抜き」、楽天を「追い越し」ていく。

　では、流通小売業の「付随機能」とは何か。ここでは特にオンラインチャネルについて検討する。それは、「物流」「配送」だ。オンラインチャネルでは、アイテム購入後、必ず「配送」というプロセスが存在する。Amazonでも楽天でもそうだが、何かアイテムを購入したら、そのアイテムが玄関に届くまで待ち時間が発生する。

　2015年、Amazonは「Amazon Prime Now」を東京都内の一部でスタート、楽天も「楽びん!」を東京都内の一部でスタート、ヨドバシカメラも「ヨドバシエクスプレスメール便」を開始した。**競争優位性は、当日配送を含む配送スピードにシフトしていったのである。**

　そして、ヨドバシカメラは、Amazonと楽天を突き放しにかかる。2016年にはヨドバシエクストリーム＝エクストリーム便を東京23区内でスタートさせた。2016年当時、エクストリーム便で注文できるアイテムは43万点、Amazon Prime Nowのアイテム数6.5万点に大きく差をつけた。

　ヨドバシエクストリームは、自社配送網を活用する。したがって、販売のみならず配送もヨドバシカメラが担当することになる。一方、Amazonや楽天は、主としてヤマト運輸や佐川急便といった外部の物流業者を活用する。それゆえ、ヨドバシカメラは配送時も自社で状況を管理できるが、Amazonや楽天は、配送は他社にお任せしましたという状況になるわけだ。配送時の状況を管理できるとはどういうことか。それは、**ヨドバシカメラが消費者宅への配送時間を予測できるということ**である。

　ヨドバシエクストリームで「配達開始」のステータスになると、例えば「お届け予定日時 14：04頃」と出てくる。そして、実際数分内の誤差で、しかも遅れることはあまりなく、数分早めのタイミングで玄関の呼び鈴が鳴る。Amazonや楽天でももちろん時間指定はできるが、例えば14：00-16：00の時間指定をすると、その間のどのタイミングで玄関の呼び鈴が鳴るかはわからないわけだ。**消費者により多くの自由な待ち時間を提供するという視点で、ヨドバシカメラはAmazon、楽天を「追い越した」**のである。

## ■ オンラインチャネルを「突き放す」ヨドバシカメラ

　最後に、ヨドバシカメラはリアル店舗の存在によって、完全にAmazon

と楽天を突き放す。例えば、「今すぐ欲しい！　30分以内に欲しい！」ということがある。ヨドバシ・ドット・コムでは、リアル店舗の在庫も可視化されており、オンラインチャネルで購入し数時間後に落手することも可能だし、最寄りの店舗に在庫があるので、リアル店舗に出かけて30分後に落手することも可能なのである。

　**リアル店舗を持たないAmazonや楽天には到底不可能な顧客体験であり、オンラインチャネルとリアル店舗の融合を果たしたヨドバシカメラは、この点でもオンラインチャネルの覇者たちを「追い越した」のだ。**

　ヨドバシカメラの旗艦店は、家電量販店として最大の売り場面積を誇るヨドバシカメラ マルチメディア梅田だと言われている。その売上は1000億円を超えると言われており、2021年のヨドバシカメラの総売上7318億円の7分の1 = 14％を占める、正に旗艦店だと言えそうだ。

　でも、本当はそうではない。ヨドバシカメラ最強の旗艦店は、2214億円の売上を誇るヨドバシ・ドット・コムなのである。**リアル店舗の旗艦店マルチメディア梅田の2倍、ヨドバシカメラの総売上の30％を占めるオンラインチャネルこそが、ヨドバシカメラの旗艦店なのだ。**

　漫画や映画とは違い、強敵オンラインチャネルを倒すというよりは、強敵オンラインチャネルと切磋琢磨しお互い成長するという感じだが、ヨドバシカメラ成長物語のseries1はここで終わりとなる。

　こうして、「ヒーローズ・ジャーニー」のシナリオプロセスを経た日本の流通小売業は、見事にリアル店舗とオンラインチャネルをマリアージュ、調和融合させた。ここまでは、店舗の視点からその調和融合の過程を検討してきたが、ここからは「データ資本主義」の視点に戻り、先に検討したセブン-イレブンのPOSシステムを活用した仮説検証型マーケティングが、この時代さらにどのように進化したのかを見ていこう。

# データ資本主義時代の到来

セブン-イレブンの成長の源泉。それは、POSシステムの活用だった。消費者ニーズが細分化していく中、何が売れ筋で、何が死に筋なのかを明らかにする。POSシステムの活用により、これが可能となった。

もっとも、単に売れ筋、死に筋を明らかにするだけでは意味がなく、そのデータを基に製造業（メーカー）、卸業者に適切な量を発注し、物流業者が適切なタイミングで納品し、最適なタイミングでコンビニエンスストアの棚が埋まっている状態にし、店舗売上を最大化しなければならない。そのためには、仮説構築⇒発注⇒売り場展開⇒検証のプロセスと高速サイクルが必要であり、この点にセブン-イレブンの競争優位性があったのである。

## POSデータからID-POSへ

しかし、POSデータは、どの店舗で、いつ、どのような商品が、どのような価格で、いくつ販売されたかといったデータにすぎず、そこには重要なデータが欠落していた。それは「誰が」購入したのかというデータである。この点で、POSデータは流通小売業視点のデータであり、消費者視点のデータではなかったと言える。

POSデータを消費者視点のデータにするのが、ID-POSだ。これまで検討したとおり、ID-POSとは、POSレジスターを通す際に、ポイントカードやポイントアプリを提示することで、POSデータとIDを紐づけるものである。

ヨドバシカメラでは、1990年にプラスチックのゴールドポイントカードを発行し、ポイントサービスを本格的に開始した。これによりID（氏

名、住所、電話番号）などに紐づけされた購買履歴が蓄積されていく。

　さらに2015年、ヨドバシ・ドット・コムとポイント情報を共通化させた消費者には、クレジットカード払いのポイント加算率を10%にし[10]、リアル店舗の消費者IDとオンラインチャネルのIDの名寄せ、共通化を図っている。

　ヨドバシカメラでは、**リアル店舗、オンラインチャネルを共通化した形で、消費者ID別のPOSデータ＝購買履歴データを蓄積できることに**なった。

## 購買前行動データ、購買後行動データへの拡大

　もっとも、オンラインチャネルで取得できる消費者行動データは、POSデータ＝購買データだけではない。消費者がヨドバシ・ドット・コムにログインしてアクセスすると消費者IDに紐づいた形で、**購買前消費者行動データを取得することができる。**

　トップページから何を検索し、目的のページに行き、何と何を比較し、それぞれのページにどのくらいの滞在時間で、どのページからどのページに行き来し、その結果、購買に至ったのか、至らなかったのか、または、ヨドバシ・ドット・コムでは購入しなかったが、その後、ヨドバシカメラのリアル店舗のどこかで購入したのか、といった購買前消費者行動データを取得することができるわけだ。

　これは、現在の日本の多くの流通小売業のリアル店舗では取得が不十分なデータであり、消費者行動データ取得におけるリアル店舗＋オンラインチャネルの優位性である。このような購買前消費者行動データは、オンラインチャネル専業であるAmazonや楽天でも、同様に取得することができる。

---

10)　それまでリアル店舗での還元率は現金払い10%、クレジットカード払い8%だった。

図表2-14　消費者行動データ取得：リアル店舗を持つのはヨドバシだけ

| | | 購買前 消費者行動データ | 購買決済 消費者行動データ | 購買後 消費者行動データ |
|---|---|---|---|---|
| ヨドバシ | オンライン | ○ | ○ | ○ |
| | リアル | ― | ○ | △ |
| Amazon | オンライン | ○ | ○ | ○ |
| | リアル | ― | ― | ― |
| 楽天 | オンライン | ○ | ○ | ○ |
| | リアル | ― | ― | ― |

　そして、ヨドバシ・ドット・コム、Amazon、楽天では、それぞれのアイテムにレビューを掲載することができる。**レビューとは、消費者がそのアイテムを購入後、どのような顧客体験をしたのかという購買後消費者行動データである**。これらの蓄積もまたオンラインチャネルでは容易に豊富に行うことができる。

　もちろんリアル店舗でも「お客様の声」として、小さなカードにレビューを書いてもらうことはできるが、そもそも匿名であることが多く消費者IDに紐づいていないし、データ量もオンラインチャネルのレビューと比較すると、比べようもないくらい少ない。

　このように考えていくと、ヨドバシ・ドット・コム、Amazon、楽天の消費者行動データ取得状況を図表2-14のように比較することができる。この図表では、3社の中でリアル店舗を持つのは、ヨドバシカメラだけであり[11]、その結果、リアル店舗での購買決済データも取得できる。

　また、リアル店舗での購買アイテムについてもヨドバシ・ドット・コ

ムでレビューすることが可能であり、その点で、購買後消費者行動デー
タ取得を△にしている。こうして比較すると各社横並びだが、ヨドバシ
カメラがリアル店舗も持つ点で競争優位性を持つように見える。しかし、
米国でのAmazonの動きを加味して考えると、話はそう単純にはならなく
なる。それは、Amazonのリアル店舗であるAmazon Goの存在だ。

## 消費者行動データの視点から考えるAmazon Go

Amazon Goでは、まず、スマートフォンに専用アプリをダウンロード
し、店内にあるゲートにアプリ画面の2次元コードをかざす。これが
ユーザー認証になる。次に、入店した顧客を、天井にあるカメラユニッ
トで撮影し続けて追跡。人物追跡用カメラユニットとは別に、棚に埋め
込まれた小型カメラが、顧客が棚のどの場所に手を伸ばしたか認識し、
顧客がかごに入れた商品を把握する。

さらに一部の店舗には、棚の奥にマイクが設置されていたり、重量セ
ンサーを棚に導入したりしている。商品に触れたかどうかをマイクで集
音して判別したり、商品を手に取ったかどうかを重さで検知したりして
いるようだ。

天井のカメラユニットには距離画像センサーとおぼしきセンサーが搭
載されており、顧客の動きを計測していると推測される。こうしたセン
サーと画像認識技術で、顧客が手に取った商品を識別。その情報をアプ
リ内にあるAmazon.comのIDと紐づける。最後に、顧客がゲートから退
店するとオンラインで自動決済される[12]。

顔認証することで、消費者IDに紐づいた形で消費者の購買前消費者行

---

11)　楽天は2014年渋谷にリアル店舗「楽天カフェ」を開店したが、2019年には全店舗を閉鎖している。
12)　日経XTECH「進化を続ける『Amazon Go』、他社への技術供与も始まる」。
　　　https://xtech.nikkei.com/atcl/nxt/column/18/01314/00005/

動データをリアルタイムで取得することができる。入店後、野菜コーナーで人参とトマトを比較し、トマトを選択した。その後、お菓子売り場に行き、スナックAとスナックBを比較して、スナックAを選択したといったデータである。そうすると、その日の当該消費者にとっては、スナックAの競合製品はスナックBであったとわかるわけだ。

　顔認証の先には表情認識がある。表情は消費者の心理状態を表す。スナックAとスナックBを比較した際に、スナックAでうれしそうな表情や興味のありそうな表情をした場合、それを数値化して心理データとすることも将来的には可能なのである。**表情認識を通じたこのような心理データは、オンラインチャネルでは取得することができない。**オンラインチャネルで取得可能な購買前消費者行動データは、検索データ、ページ間移動データという正に行動データだけだからだ。

　したがって、ヨドバシ・ドット・コム、Amazon、楽天の消費者行動データ取得状況をAmazon Goを加味して考えると図表2-15のように比較することができる。Amazon Goの購買前消費者行動データが一気に競争優位性を獲得するのである。

　2018年にサービスを開始したAmazon Goは、2020年以降のコロナ禍の影響により休業を余儀なくされ、直営店は米国で20店舗前後とそれほど店舗数が増えていない。しかし、Amazon Goのキャッシュレス、レジレスの仕組みである「Just Walk Out」テクノロジーは、シアトルの屋内競技場クライメット・プレッジ・アリーナ、ニューヨークのマンハッタンにあるジェイコブ・ジャヴィッツ・コンベンション・センター、ラスベガスのカジノホテルであるリゾートワールド・ラスベガス、シカゴのミッドウェー国際空港で導入されている。そして、傘下にあるホールフーズに対しても、2022年にワシントンD.C.とカリフォルニアのリアル店舗に導入することを明らかにした。

　2017年に『デジタルマーケティングの教科書──5つの進化とフレー

図表2-15　消費者行動データ取得：購買前ではAmazon GOが優位

| | | 購買前<br>消費者行動データ | 購買決済<br>消費者行動データ | 購買後<br>消費者行動データ |
|---|---|---|---|---|
| ヨドバシ | オンライン | ○ | ○ | ○ |
| | リアル | ― | ○ | △ |
| Amazon | オンライン | ○ | ○ | ○ |
| | GO | ◎ | ○ | △ |
| 楽天 | オンライン | ○ | ○ | ○ |
| | リアル | ― | ― | ― |

ムワーク』（東洋経済新報社）では、未来のリアル店舗はAmazonのプラットフォームを活用し、「Amazon附属セブン-イレブン」、「Amazon附属イオン」になると予測したが、米国内ではその動きが着々と進んでいると言える。

　ここまで、流通小売業の歴史を振り返り、流通小売業がどのように進化してきたのかを検討してきた。日本の流通小売業は、時代時代で様々な流通王、神様が誕生し、発展してきた。そして、市場成熟期に入った後は、マーケティングの概念が進化し、売上情報であるPOSデータから、消費者購買データであるID-POS、そして、購買前、購買後の消費者行動データまで、データの重要性が拡大していると言える。
　では、次世代の流通小売業のビジネスモデルはどのようなものになるのか、章を改めて検討していこう。

第3章

# データ資本主義時代の
# ビジネスモデルのつくり方

　これまで第1章では、データ資本主義時代の次世代流通小売業において、購買前データ、購買決済データ、購買後データという消費者行動データが、その取得対象範囲になることを見てきた。

　また、第2章では流通小売業の歴史を振り返り、過去から現在までその進化を概観した。そして、現在先進的流通小売業は、消費者行動データをどのようにしてどこまで取得できているのかを検討した。そうすると、「では、これから消費者行動データをどうやって取得するのか?」という話になりそうだが、拙速にそこまで跳んではいけない。

　そもそも、**これらの消費者行動データを取得することで、消費者にどのようなメリット、利便性を提供するのか、また、流通小売業にもどのようなメリットがあるのかを明らかにした上で、消費者行動データの取得をデザインしていかなければならない**からだ。

　これを行わないと、ただやみくもに消費者行動データを収集し、その結果、「何をするんだっけ?」ということになりかねない。この点、第1章では流通小売業のDX（デジタル・トランスフォーメーション）の目標を以下のように定義した。

　「流通小売業が、ビジネスに関わる様々なステークホルダーであるメーカー、卸、決済サービス業者、物流業者、ITベンダーと協業し、消費者行動データを分析し、今消費者がどういう購買行動をすることが彼らにとって一番幸せなことなのかを提案できるようにする。その提案に乗った消費者が幸せな購買行動を重ねていくことで、消費者が提案してくれた流通小売業を信頼し、長期的な関係を構築できる絆を固く結ぶ。そのために、DXという手段を採る」

　このビジネスモデルが実現する「大義」が何なのかを、これから検討していこう。

## ビジネスモデルの先にある「大義」

　ビジネスモデルや製品、サービスの先には大切な「大義」がある。松下幸之助が開発した**二股ソケットは、電気利用の制限から消費者を解放した**。大正時代、多くの一般家庭は電力会社と「一戸一灯契約」という契約を結んでいた。

　「一戸一灯契約」とは、家庭内に電気の供給口を電灯用ソケット一つだけ設置し、電気使用料金を定額とする契約のことである。このため、当時電灯をつけているときには同時に電化製品を使用することができず、不便をこうむっていた。

　二股ソケットは、電気の供給口を二股にして、電灯と電化製品を両方同時に使用できるようにした、当時としては画期的な製品であった。これにより、夜、電灯をつけながら、同時にアイロンをかけるということが可能になったのである。

　**洗濯機は、家事労働の苦労から消費者を、特に当時の女性を解放した**。昭和初期、家事労働は女性の仕事であるという価値観が一般的である中、洗濯は、家族分の洗濯物をたらいと洗濯板でゴシゴシ洗うという重労働だった。

　第 2 次世界大戦後、東京芝浦電気（現・東芝）は、電気洗濯機 VB-3 型を発売。「洗多苦」と呼ばれるほどの重労働だった洗濯から女性を解放。冷蔵庫、白黒テレビ同様に、洗濯機が「三種の神器」と呼ばれる時代を築き上げたのである。

　このように、ビジネスモデルや製品、サービスの先には、大切な「大義」、すなわち、**消費者が不便に感じていることからの解放、メリット、利便性の提供**がある。

では、データ資本主義時代の次世代流通小売業の「大義」は何か。第1章では、「消費者に幸せな購買行動を提供すること」と定義していたが、これをさらに詳しく検討していく。

二股ソケットは、電気利用の制限から消費者を解放した。電気洗濯機は、「洗多苦」という重労働から消費者を解放した。では、データ資本主義時代の次世代流通小売業は、何から消費者を解放するのか。それは、「選択肢の多さから生じる意思決定の苦痛」からの解放である。**データ資本主義時代の次世代流通小売業は、選択肢の多さ、そしてそれからもたらされる意思決定の疲弊から、消費者を解放する。**

1970年代まで、鉛筆を買おうと思ったら、近所の文房具店くらいしか選択肢はなかった。1990年代まで、文房具店に加え、近所のスーパー、コンビニくらいしか選択肢はなかった。2000年以降、近所の文房具店、スーパー、コンビニ、楽天、Amazon、数多あるオンラインチャネル、種類も豊富に、選択肢の幅は格段に広がった。幅広い選択肢の中から、自分の最適解を選び出す。この購買意思決定プロセスに、現代の消費者は疲弊している。

## 爆発的に増える選択肢に疲弊する消費者

FA Productsの調査によると、我々消費者が選択可能な情報量は、1996年を100とすると2006年には約53000。実に530倍にまで膨れ上がっているという[1]。1996年はWindows95の発売直後であり、テレビやラジオ、新聞、雑誌が情報源だったところに新たな情報源が加わった、いわゆるインターネット時代開始直後の情報量と推定することができる。

2006年は、パソコン、携帯電話の普及により、インターネットでの情

---

1)　https://fa-products.jp/factory/knowledge/124/

図表3-1　日本におけるデータ流通量の推移

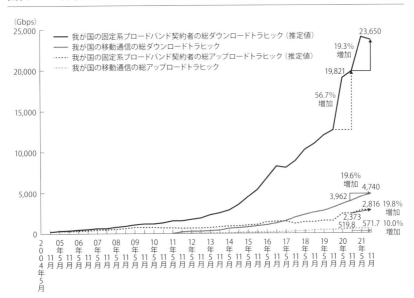

出所：総務省「令和4年版 情報通信白書」
(https://www.soumu.go.jp/johotsusintokei/whitepaper/ja/r04/html/nd121150.html)

報取得ができるようになっていた時代だ。この段階でインターネット時
代開始直後と比較すると、選択可能な情報量は530倍。

　そして、総務省の「令和4年版　情報通信白書」によれば、データ流
通量は、2006年の約600Gbpsに対し、2021年は23650Gbps。実に40倍
近くに増えている（図表3-1）。インターネット時代開始直後とインター
ネット時代普及期ほどの劇的な増加ではないものの、携帯電話からス
マートフォンにデバイスがシフトし、FacebookやTwitter（「X」に名称変
更）などSNSによる情報量の増加などにより、2006年よりも情報量は約
40倍に増えているわけだ。
　そうすると、粗い単純な計算ではあるが、**インターネット時代開始直**

後の情報量と比較すると、現在の情報量は20000倍以上であるとフェルミ推定することができる。

　一方で、我々消費者の意思決定能力には限界がある。米国ハーバード大学の心理学者ジョージ・ミラーによれば、人間が短期記憶で保持できる情報量は、7±2、つまり5から9だという。また、米国ミズーリ大学の心理学者ネルソン・コーワンによれば、人間が短期記憶で保持できる情報量は、4±1、つまり3から5だという。したがって、意思決定における選択肢がこれ以上に増えると、人間の脳には認知的負荷がかかり、不快な状態に陥るわけだ。

　米国コロンビア大学のシーナ・アイエンガーは、スーパーマーケットで、ある週末に6種類のジャムを、別の週末に24種類のジャムを並べて、買い物客の反応を調べるという実験を行った。品揃えの多いブースでは買い物客の3％しか購入しなかったが、少ない選択肢しか与えられなかった買い物客は、30％近くが買ったという。

　ここから言えることは、**選択肢の数が意思決定能力を超えると、消費者は購買意思決定ができず、脳に認知的負荷がかかり疲弊し、購買が促進されない。一方で、選択肢の数が意思決定能力の範囲内にあれば、消費者の脳に認知的負荷がかからず疲弊せず、購買が促進される**ということだ。

　したがって、データ資本主義時代の次世代流通小売業が消費者に提供できる価値、それは、**選択肢の多い時代に意思決定の認知的負荷、疲弊から消費者を解放することだ。そのために、消費者に数少ない選択肢を提案し、消費者はその提案に乗れば、満足できる意思決定をできるように**なるのである。

## オイシックスの「定期ボックス」「Kit Oisix」

　では、どうすれば消費者に提案し、消費者がその提案に乗れば、満足できる意思決定をできるようになるのか。この点、オイシックスは「定期ボックス」を通したコミュニケーションにより消費者が満足できる意思決定をできるように工夫を凝らしている。オイシックスでは、有機野菜などの食品宅配サービスを提供している。

　「定期ボックス」では、オイシックスがセレクトした食材の詰め合わせが提案される。その提案に対して、オイシックス会員は、「この野菜はいらないから削除」「このミールキットはもっと欲しいから追加で」といった形で、会員の意思を反映し修正することができる。

　すなわち、オイシックスの提案に対して、会員はカスタマイズという形で、提案を修正、自分の好み、こだわり、意思を反映させる。この会員の意思を学ぶことで、オイシックスは、会員の好み、こだわりを反映させた再提案を行う。このサイクルを繰り返すことで、会員の好み、こだわりを熟知し、次第に会員ニーズにジャストフィットした提案が可能になる（図表3-2）。

　また、「Kit Oisix」は、献立意思決定の苦悩から主婦を解放した。共働き世帯や小さな子どものいる世帯では、日々の忙しさから食生活に手を抜きがちになり、そのことに罪悪感を持っているケースが多い[2]。

　これらの「献立を毎日考えるのが大変」という苦悩に対し、オイシックスは、必要量の食材とレシピがセットになり、主菜と副菜の2品が20分で完成するミールキットの「Kit Oisix」を提供。**献立意思決定の苦悩から主婦を解放し、美味しい料理を食べる家族の笑顔という主婦にとって最高の価値を提供**した。これこそが、オイシックスの「大義」なのである。

---

2)　https://recruit.oisixradaichi.co.jp/2021/04/30/1196/

図表3-2　オイシックス「定期ボックス」の会員ニーズ理解プロセス

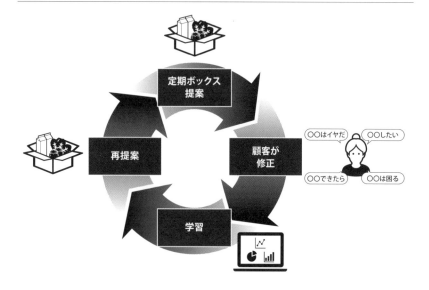

## 消費者を疲弊から解放するエージェントになれるか

　では、データ資本主義時代の次世代流通小売業は、単純に「選択肢の多さ、そしてそれからもたらされる意思決定の疲弊から、消費者を解放」すればよいのか。決してそうではない。なぜならば、**一人の消費者の中には、「時間をかけてでも自分で意思決定したい領域」「意思決定が面倒なので、自分をよくわかっている代理人に任せたい領域」が存在する**からだ。

　私は、所属する名古屋商科大学ビジネススクールで「美食文化ネットワーク」を主宰し、会長を務めている。ミシュラン店に年間100軒程度訪問しており、毎週2軒程度のペースで東京、名古屋、京阪神のミシュラン店で美味しい料理を楽しんでいる。また、『ラーメン二郎にまなぶ経営学──大行列をつくる26の秘訣』(東洋経済新報社)を上梓し、年間

200杯程度ラーメンを楽しむラーメン好きでもある。

　毎週月曜日の午前中は、その週に訪問するミシュラン店、ラーメン店、その他のレストランの決定、そして予約のため、平均して3時間以上の時間を費やす。食べログ、美食家のブログ、Twitter、Instagramなどをリサーチし、予定を立てるわけだ。膨大な情報量からの意思決定であり、実は3時間でも足りないくらいである。

　しかし、これは私自身のライフワークであり、自分で意思決定を行わないと満足できる人生を送ることができない。したがって、私にとっては、美食の領域は「時間をかけてでも自分で意思決定したい領域」であるということになる。

　また私は、ワインセラーを3台所有するワイン蒐集家でもある。かつては、フランス、イタリア、スペイン、ドイツ、新世界と様々なワインを研究していたが、早々にあきらめた。テロワール、ヴィンテージ、ぶどう種など変数が多すぎて、ワインの世界を理解するのに労力がかかりすぎるし、自分の人生の中での優先順位を考えたとき、ワインの選択は上位に入らないからだ。私のニーズは、ただ「美味しいワインを楽しむことができ、素晴らしい料理とのマリアージュを楽しめればよい」ということにすぎない。

　そこで、よく通っていて常連のワインバーのソムリエールのレコメンデーション、提案を受けることにした。何度も通うことで、彼女は私のワインの好み、こだわりを熟知している。だから、好み、こだわりに合うワインを数本、好み、こだわりの延長線上にある、ややチャレンジだが世界を広げてくれるワインを数本、毎月提案してくれる。

　私はその提案に乗ることで、毎月美味しいワインを楽しみ、ワインの世界を広げることができる。**広く深いワインの選択肢の多さ、そしてそれからもたらされる意思決定の疲弊から、私は解放されたのである。**

　家族旅行で海外へ行く際、私は自分でツアーを選択することはほとんどない。ある大手旅行代理店に10年以上お世話になっているエージェントがいるからだ。家族で海外旅行に行こうということになると、私はすぐにそのエージェントに相談する。

　大まかにやりたいアクティビティを伝えると、彼女が膨大なツアーリストをスクリーニングしてくれ、いくつかのツアー候補を出してくれる。その中で、ホテルのグレードなどを相談し合いながら、過去の滞在履歴と照らし合わせ、このホテルの立地はどのようなアクティビティに向いており、どのようなアクティビティに向いておらず、この部屋は満足できそう、この部屋はイマイチといった議論をする。

　大まかな予算も伝えているが、ときに「さらに50万円程度プラスすれば、こんな滞在体験を得られますよ」などと逆提案されることもある。そういう場合には、よほどのことがない限り、彼女の提案に従う。彼女の提案に乗ることによって満足度が高まるという過去の経験の蓄積があるからだ。

　**私は、旅行領域において、彼女を自分のエージェントとして信頼している。彼女の提案に乗り素晴らしい旅行体験を得られる限り、今後も、旅行領域については彼女と長期的な関係を継続していくことになるだろう。**

　このように私にとって、ワインや海外旅行の領域は、「意思決定が面倒くさいので、自分をよく理解してくれている代理人に任せたい領域」であるということになる。

　以上検討してきたように、一人の消費者の中には、「時間をかけてでも自分で意思決定したい領域」「意思決定が面倒くさいので、自分をよくわかっている代理人に任せたい領域」が存在する。

　**データ資本主義時代の次世代流通小売業は、消費者が「意思決定が面**

倒くさいので、自分をよくわかっている代理人に任せたい領域」について「選択肢の多さ、そしてそれからもたらされる意思決定の疲弊から、消費者を解放する」ことが必要となる。それを実現させることができれば、消費者から信頼されるエージェントとなり、消費者と長期的な関係を構築できるようになるのである。

## 大義を実現する次世代流通小売業ビジネスモデル

　では、このような「大義」を実現するために、データ資本主義時代の次世代流通小売業は、どのようなビジネスモデルを構築すればよいのだろうか。これからいくつかのパートに分けて検討を進めていく。

　大きく分けると2つのパートに分解できる。

Ⅰ．意思決定の疲弊から消費者を解放するために、良い提案ができるようになる
Ⅱ．必要なタイミングで必要な場所での購買体験を提供できるようになる

　そして、それぞれをさらに分解できる。

Ⅰ．意思決定の疲弊から消費者を解放する5つのステップ
ステップ1：消費者との接点を構築する
ステップ2：「購買前」消費者購買行動データを取得する
ステップ3：「購買決済」消費者購買行動データを取得する
ステップ4：「購買後」消費者購買行動データを取得する
ステップ5：消費者購買行動データを分析する

## Ⅱ．必要なタイミングで購買体験を提供する2つのステップ
ステップ1：調達物流におけるメーカーとの連携＋システム構築
ステップ2：配送物流における物流業者との連携＋システム構築

　さらに、このようなビジネスモデルをデザインするコンサルティング会社の支援、流通小売業内のDX人材の育成など、まだまだ検討しなければならないことはあるが、第3章では上記の範囲内をまず検討しよう。

# 意思決定の疲弊から消費者を解放する5つのステップ

## ステップ1：消費者との接点を構築する

　リアル店舗を中心とする流通小売業の中にも、既にオンラインチャネルを保有している流通小売業は多いと思われる。両チャネルを保有する流通小売業では、2017年に上梓した『デジタルマーケティングの教科書――5つの進化とフレームワーク』（東洋経済新報社）で、「オムニチャネル」として紹介した消費者接点モデルの構築が目標となる。
　「オムニチャネル」とは、リアル店舗やオンラインチャネルの顧客・商品・在庫のデータを統合させ、シームレスなユーザーエクスペリエンス（UX）を提供するビジネスモデルである。経済産業省は、「消費者による商品の気付、興味関心、検索（内容や特徴の理解、比較検討）、購買、受取といった一連の購買プロセスが、消費者にとって快適かつ合理的であるよう、消費者視点で各チャネルがシームレスに構成される」ビジネスモデルであるとしている（図表3-3）。

　本書では、オムニチャネルという言葉を使わない。なぜなら、次世代流通小売業にとってオムニチャネルは当たり前のビジネスモデルであっ

図表3-3　経済産業省によるオムニチャネルの概念図

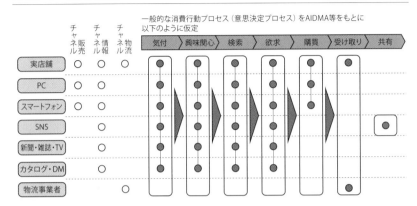

出所：経済産業省「平成28年度 我が国におけるデータ駆動型社会に係る基盤整備（電子商取引に関する市場調査）」
(chrome-extension://efaidnbmnnnibpcajpcglclefindmkaj/https://www.meti.go.jp/policy/it_policy/statistics/outlook/h28report2.pdf)

て特別なものではないと考えているからである。

　2000年頃、IBMは、インターネットを活用したビジネスをわざわざ「e-ビジネス」と定義した。当時はインターネットを活用したビジネスが珍しかったからだ。また電子メールを「e-mail」と呼んでいた。手紙やはがきを使った通信手段が一般的であった中、電子メールが珍しかったからだ。

　それから20年。2020年代に、インターネットを活用したビジネスをわざわざ「e-ビジネス」と呼ぶビジネスパーソンを見ることはない。また、電子メールを「e-mail」と呼ぶ大学生を見ることもない。インターネットを活用するビジネスは誰もが行う一般的なビジネス、電子メールは普段から使われるコミュニケーション手段だ。それが当たり前だから、「e」は要らないのである。

　同様に、「オムニチャネル」も次世代流通小売業には当たり前のビジネスモデルだと考えているので、本書では「オムニチャネル」というバズワードは使用しない。今後、チャネルという場合は、当たり前に旧来の

図表3-4　流通小売業が取得する購買前行動データ

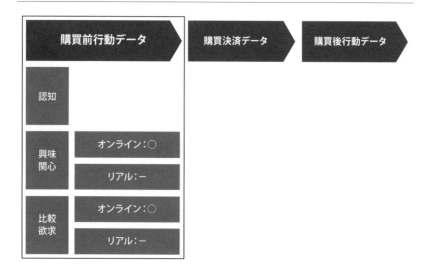

「オムニチャネル」を意味していることが多いと考えてほしい。

　このように考えると、次世代流通小売業では、当たり前にリアル店舗とオンラインチャネルを消費者接点として保有していることになる。消費者接点は、図表3-3で経済産業省が指摘しているように販売チャネルであり、情報提供チャネルでもある。しかし、本書では**消費者購買行動データ取得チャネルの側面を重視**して、以下検討を進める。

　流通小売業の消費者接点を消費者購買行動データ取得チャネルの側面で検討するとき、そのデータは3種類に分類することができる。①購買前行動データ、②購買決済データ、③購買後行動データだ（図表3-4）。

## ステップ2：「購買前」消費者購買行動データを取得する

### AIDMAとAISAS

　まず、①購買前行動データから検討していこう。購買前の消費者行動
は、認知、興味関心、比較欲求の3つのステップに分類できる。1924年
に米国の実務家サミュエル・ローランド・ホールが『Retail Advertising
and Selling（小売業の広告と販売）』で提唱したAIDMAというフレーム
ワークだ（図表3-5）。

　消費者の購買行動は、まず商品を知る「Attention（認知）」に始まり、
その商品に「Interest（興味関心）」を持ち、次第に欲しくなり「Desire（比
較欲求）」、その商品を「Memory（記憶）」し、「Action（購買決済）」に
至るという考え方である。ここで「ん？　Memory（記憶）？」と思った
読者諸氏は賢明だ。

　AIDMAが提唱されたのは1924年。日本では大正13年である。大正時
代も昭和時代もそうだったのだが、我々消費者が商品を「認知」し、「興
味関心」を持つのは、古くは新聞広告またはラジオ、そして昭和時代中
後期になると、新聞の折り込みチラシ、テレビ広告、電車の吊り広告な
どによってであった。

　しかし、実際に「購買決済」を行うのはリアル店舗である。出勤前の
朝、自宅のリビングで新聞の折り込みチラシの中で商品を「認知」し「興
味関心」「比較欲求」を持ち、勤務が終わってから夕方スーパーで買い
物＝「購買決済」を行う。そこには、**時間的、場所的に隔たりがある。
朝の「興味関心」「比較欲求」を夕方まで覚えておかなければならない
のである。ゆえに、かつては「Memory（記憶）」が重要な要素となった**
のだ。

　2000年以降は、消費者の購買前行動は大きく変容した。「認知」し「興

図表3-5　AIDMA

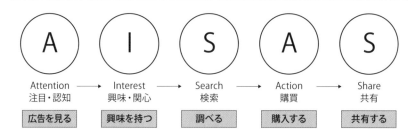

| | 認知段階 | 感情段階 | | | 行動段階 |
|---|---|---|---|---|---|
| 購買決定プロセス | 注目（Attention） | 興味（Interest） | 欲求（Desire） | 記憶（Memory） | 行動（Action） |
| 顧客の状態 | 知らない | 知っているが興味はない | 興味はあるが欲しいとは思っていない | 欲しいと思ったことを忘れている | 動機はあるが買う機会がない |
| コミュニケーション目標 | 認知度向上 | 製品に対する評価育成 | ニーズ喚起 | 記憶の呼び起こし | 機会提供 |

図表3-6　AISAS

| Attention 注目・認知 | Interest 興味・関心 | Search 検索 | Action 購買 | Share 共有 |
|---|---|---|---|---|
| 広告を見る | 興味を持つ | 調べる | 購入する | 共有する |

　味関心」を持つと、すぐにパソコンで「検索」したのである。2010年以降はスマートフォンの普及により、パソコンでもスマートフォンでも「検索」できるようになった。そして、気に入ればポチっと「購買決済」する。

　すなわち、「比較欲求」と「購買決済」の時間的、場所的隔たりがなくなった。よって「記憶」は重要な要素ではなくなり、「検索」結果の上位に位置することこそ、「購買決済」の検討対象となる条件となり、SEO対策が重視されるようになったのである。これらの新しい消費者購買行動モデルを2004年に提示したのが、電通のAISASである（図表3-6）。

## 購買前消費者行動データ取得のキモは検索エンジン

では、この「認知」「興味関心」「比較欲求」といった購買前消費者行動フェーズにおいて、流通小売業はどのように消費者接点を構築し、消費者行動データを取得していけばよいのか。「認知」とは、取扱商品、サービスを消費者に広く告知する＝広告により達成される。これは本来プロモーションの領域であり、チャネルの領域ではない。

もちろん、リアル店舗に出かけて興味関心があった商品とは違う商品に偶然出会い＝認知し、予想外の出会い、発見というセレンディピティの喜び、体験価値があることは否定しない。しかし、それは「認知」のメインストリームではなく、偶然の結果だ。「認知」のメインストリームは、マスメディアやSNSを活用した広告である。したがって、ここでは「認知」はチャネルの役割、責任ではなく、プロモーションの役割、責任であると定義する。

一方、「興味関心」「比較欲求」の消費者行動データは、チャネルが責任をもって取得すべきデータとなる。オンラインチャネルとリアル店舗、それぞれ検討していこう。これまで検討してきたように、消費者は「認知」した商品、サービスに「興味関心」を持つと、すぐに検索する。

そうだとすれば、論理的には、オンラインチャネルに検索エンジンがあれば、消費者の興味関心データを取得できることになる。しかし、検索エンジンがあっても消費者がそれを活用して検索してくれなければ、無用の長物にしかならない。

2021年11月の日本における検索エンジンシェア率を見ると、Googleが約75%、Yahoo!が約19%、Bingが約5%で、残りは1%以下。1強2弱、残りは存在しないに等しい状況である。こういった状況の中、流通小売業のオンラインチャネルが新たな検索エンジンを持ったとしてもほぼ活用されず、消費者の「興味関心」データをほとんど取得できないだろう。

消費者は「興味関心」を持つと、GoogleやYahoo!のような検索エンジンではなく、ダイレクトにAmazonや楽天のサイト内で検索する場合も多い。2021年12月のAmazon視聴者が4729万人、楽天が5104万人<sup>3)</sup>。利用者がトップページだけ閲覧するということはなかなか考えられず、大半の利用者はそこから検索し目的のページに移動しているはずである。先に検討したGoogleやYahoo!は購買目的ではない検索も多分に含まれる。

一方で、大半が購買目的であると考えられるAmazonや楽天は、消費者の「興味関心」データを取得する非常に強力なオンラインチャネルであると言える。

流通小売業の中にも、2020年2月のユーザー数が1140万人のヨドバシ・ドット・コム、421万人のビックカメラ.comといった、サイト内検索エンジンとして消費者の「興味関心」データを取得できそうなオンラインチャネルも存在するが、大半の一般のオンラインチャネルに検索エンジンとしての「興味関心」データの取得機会は乏しいと言える。

しかし、「興味関心」データの取得機会は、検索エンジンだけではない。消費者がオンラインチャネルに来訪してからの消費者行動でも様々なデータを取得できる。オンラインチャネル、すなわちウェブサイトでは、サイト内での各ページの閲覧回数、閲覧時間、閲覧動線などの消費者行動データを取得できる。オンラインチャネルは購買チャネルでもあるので、そこから購買に至ったかどうかというデータも取得可能だ。オンラインチャネルでは、ログインしていることを前提としているので、これらの行動はユーザーIDと紐づけられる。

あるユーザーIDが商品Aページと商品Bページの往来回数が多い場合、そのIDは商品A、Bカテゴリーに興味関心を持っていて、商品Aと

3) https://otomapcorp.com/2023/01/09/844/

商品Bを比較しているということが推定できる。さらにそこからどちらが購買に至ったのかという「比較欲求」から「購買」のデータも取得できる。このように、オンラインチャネルでは、購買に至るまでの購買前消費者行動フェーズにおいて、様々な消費者行動データを取得できるのである。

**まだ限定的なリアル店舗での購買前消費者行動データ取得**

　では、リアル店舗では「興味関心」「比較欲求」の消費者行動データをどのように取得できるのか。残念ながら、大半のリアル店舗では現段階でこれらのデータをほとんど取得できない。なぜならば、店員が認知している常連顧客でない場合、そのリアル店舗に誰が入店してきたのかは把握しようがない。例えば、スーパーマーケットで入店客＝消費者がどの商品とどの商品を比較しているのかといった消費者行動データも把握しようがないからだ。

　このように考えると、リアル店舗における購買前消費者行動フェーズにおける消費者行動データ取得には、2つの要件を満たすことが必要となる。

1.　入店時のユーザーIDの取得
2.　入店後の商品閲覧回数、商品閲覧時間、店舗回遊動線などの消費者
　　行動データの取得

　この2つの要件を満たしている代表例が、Amazon Goだ。Amazon Goでは、入店の際にJRや地下鉄の改札のようなゲートでユーザーID認証をすることで入店する。また、ゲート正面上部にはカメラが設置されており、これにより、ユーザーIDとその人物を紐づける。

　Amazon Go 1号店では、167㎡の店舗に数百台の天井カメラを設置し、商品棚にもカメラを設置している。これにより、入店後の商品閲覧回数、

商品閲覧時間、店舗回遊動線などの消費者行動データの取得が可能となる。

　日本ではAmazon Goを無人店舗と捉え、人件費削減の先進事例と捉えることが多いが、それは正しい捉え方ではない。Amazon Go店舗内には、入場整理、店舗内調理、カスタマーサービスと多くの店員が存在し、そもそも無人店舗ではないからだ。**無人店舗を志向しているのではなく、レジレス、キャッシュレスという顧客体験を提供するのと同時に、消費者行動データ取得がAmazon Goの目指すところ**だと考えられるのである。

## リアル店舗での購買前消費者行動データ取得

　では、次世代流通小売業は、リアル店舗で、入店時のユーザーIDの取得、入店後の商品閲覧回数、商品閲覧時間、店舗回遊動線などの消費者行動データの取得をどう実現していったらよいのか。

　入店時のユーザーID取得については、Amazon Go同様、駅の改札のようなゲートを設置することが考えられる。しかし、各店舗に仰々しく改札を設置するというのは、あまり現実的な考え方ではない。BLE（Bluetooth Low Energy）ビーコンとスマートフォンにインストールされたアプリで入退室管理を行っている企業も多く存在するが、それを応用する形での入退店管理も考えられる。

　また、スマートフォンというデバイス経由でなくても、生体認証で入店時のユーザーID取得も可能だ。Amazon Goでは、手のひらをかざすことでも入店が可能である。「Amazon One」という仕組みであり、手のひらの情報を登録し、それにクレジットカード情報やAmazonアカウントを紐づけることで、以後はAmazon One対応店舗では手のひらをリーダー上にかざすだけで決済することができる。

　トム・クルーズ主演の映画『マイノリティ・リポート』では、セキュ

リティロックの解除など、眼球の虹彩認証が応用されている。現段階では、広く実用には至っていないが、生体認証による入店時のユーザー ID 取得が考えられる。

　入店時のユーザー ID 取得で重要なのは、手間がかからないこと、面倒でないということである。スマートフォンなどのデバイスを使用する場合は、ポケットやカバンからデバイスを出してゲートなどにかざすという行為が必要となる。生体認証であれば、デバイスを出す必要はないわけで、将来的には生体認証による入店時のユーザー ID 取得が普及すると考えられる。

　次にリアル店舗における入店後の商品閲覧回数、商品閲覧時間、店舗回遊動線などの消費者行動データの取得について検討していこう。消費者行動データの取得だけであれば、Amazon Go 同様、天井に AI カメラを設置し消費者の行動を追跡することにより、入店後の商品閲覧回数、商品閲覧時間、店舗回遊動線などの消費者行動データの取得を行うことができる。

　もっとも、多くの場合、リアル店舗でレジレスでの決済まで行えるようにしたいと考えるだろうから、「クレジットカード登録と課金」「店内の顧客追跡とバーチャルカートの処理」「退店後のレシートなどの処理」などの仕組みも必要になると思われる。**このようなリアル店舗変革を自前でやっていくのは、既存の流通小売業には相当大変な話であり、現実的ではないだろう。**米国 Amazon は Amazon Go の基幹技術である「Just Walk Out」を外部展開していくと発表しており、**Amazon のプラットフォームに乗るのが、実は一番手っ取り早い流通小売業の次世代化だと考えられる。**

　仮に Amazon Go 同様の仕組みを既存のリアル店舗に導入すると、Amazon Go 1 号店と同程度の規模であれば、ハードウェアだけで 1 億円以

上の導入コストが必要になると言われている[4]。リアル店舗における映像解析の仕組みを外部展開する企業はAmazonだけではなく、米国Standard Cognition、米国Zippinなども外部展開を行っている。これらの企業の場合、設置するカメラの台数がAmazon Goよりもずいぶん少なく、その分コストダウンが可能となるようである。

## ■ ステップ3:「購買決済」消費者購買行動データを取得する

このようにオンラインチャネルで、そして、リアル店舗で購買前消費者行動データを取得した後、次に取得すべきなのは、購買決済データである。購買決済データとは、正に購買行動の中核となるデータである。

そもそも、流通小売業とは、製造業（メーカー）が作った製品を消費者に販売する場であり、流通小売業から見れば販売、消費者から見れば購買こそが、流通小売業と消費者との接点の一丁目一番地[5]なのである。

これまで検討してきたようにポイントカードやポイントアプリとID-POSにより、流通小売業は「ある消費者」と「その消費者が購買したモノやサービス」を紐づけ、消費者購買決済データ化することができる。しかし、多くの流通小売業で、その消費者購買決済データは、「消費者を理解する」という視点で考えれば不十分なデータである。なぜならば、流通小売業が取得できる消費者購買決済データは、消費者のある一側面しか明らかにできないからだ。

チェーンドラッグストアでは、消費者が購買する薬や美容品の購買決

---

4)　ハードウェア導入だけで見ると意外と安い投資だと思われるかもしれないが、勝負のキモはソフトウェアであり、この領域には相当な投資と試行錯誤の繰り返しが必要になると考えられる。

5)　「おじさんビジネス用語」の一つ。「一番重要なポイント」「一番先に手をつけるべきところ」の意。現代の20代の5割がその意味を理解できないと言われているが、私も今から四半世紀前、社会人1年目の頃はその意味を理解できず、頭の中が？？だった。こういう「おじさんビジネス用語」の洗礼を受けることで、社会人は学生から真の社会人に成長していく。

済データくらいしか手に入らない。スーパーマーケットでも、消費者が購買する主にデイリーの食品の購買決済データくらいしか手に入らない。

しかし、我々消費者は、薬も美容品も食品も購買するが、それ以外にも、音楽をダウンロードし、書籍を購買し、コンサートに行き、レストランで食事し、電車に乗り、ホテルに宿泊する。我々消費者の購買決済行動は、本当に幅広く、多種多様である。

流通小売業が取得できる消費者購買決済データは、その多種多様な購買決済行動のある一側面しか把握できないわけだ。それで、消費者を理解しようというのは、「一斑を見て全豹をト[す6)](#)」に等しいと言える。

### 消費者理解のための購買決済データの量と質

では、どうすれば消費者を理解できるのか。流通小売業が自社内で取得できる消費者購買決済データという、ある特定領域の購買決済データに、幅広い多種多様な消費者購買決済データを掛け合わせることで、消費者を理解するための消費者購買決済データ群が出来上がる。

では、誰が幅広い多種多様な消費者購買決済データを保有しているのか。それは、クレジットカードや電子マネー、QRコード決済などの決済サービスを提供している決済サービス業者である。

例えばクレジットカードは、ある特定の流通小売業だけでなく、レストランでもコンビニでも書店でも百貨店でもガソリンスタンドでも、どこでも使用できる。だから、消費者の幅広い多種多様な消費者購買決済データを取得することができることになる。

もっとも、これらの決済サービス業者が取得する消費者購買決済データも万能ではない。

---

6)　豹は、黄色と黒のまだら模様の毛皮で全身が覆われている。その毛皮の一部を見て、豹は全身が黄色ないし黒であると断定することをいう。物事の一部分から、全体を推し量ることの愚かさを戒める言葉。

図表3-7　キャッシュレス支払額と民間最終消費支出に占める比率推移

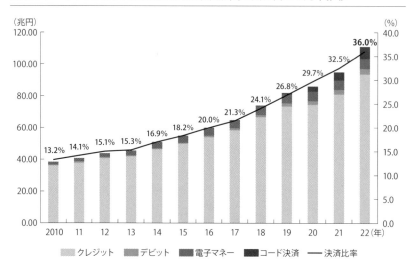

出所：経済産業省「2022年のキャッシュレス決済比率を算出しました」
　　　（https://www.meti.go.jp/press/2023/04/20230406002/20230406002.html）

　これらの決済サービス業者が提供するサービスは、キャッシュレス決済サービスと呼ばれるが、日本では、2022年でも消費支出の中でキャッシュレス決済は36.0％にとどまっている（図表3-7）。つまり、消費者の購買決済行動の金額ベースで3分の1しかデータ取得できないことになる。ただ、キャッシュレス比率は年々高まっており、2040年には80％にまで上昇するという予測もあり、消費者理解における決済サービス業者の重要性は年々高まっていくことは間違いない。

　また、決済サービス業者が取得できる消費者購買決済データは、決済総額にすぎない。SKU[7]単位ではない。例えば、レストランでワイングラス2杯7000円、牛ホホ肉のワイン煮5000円、ガーリックトースト1000

7)　ストックキーピングユニット（Stock Keeping Unit）の略。在庫管理上の最小の品目数を数える単位を表している。

図表3-8　消費者理解に必要な購買決済データ

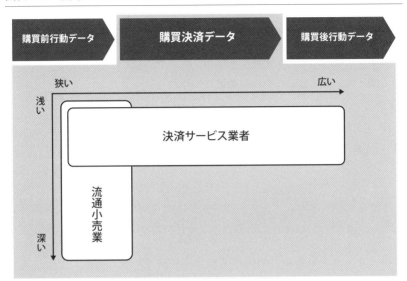

円の支払いがあったとしても、取得できる購買行動データは決済総額
13000円だけということだ。

　したがって、決済サービス業者が取得できる消費者購買決済データ
は、「多種多様なチャネル＝**広く**、決済総額＝**浅いデータ**」だと言える。
一方で、流通小売業が自社で取得できる消費者決済データは、「自社
チャネル＝**狭く**、SKU単位＝**深いデータ**」だと言える。
　以上より、**流通小売業が消費者理解をするためには、自社内の消費者
購買決済データだけでは不十分である。決済サービス業者と「組む」こ
とで、その取得購買決済データの範囲を広げ、消費者理解に臨むことが
必要になる**（図表3-8）。

### 購買決済データ取得のためのビジネスパートナー（データリッチ）
　では、流通小売業はどのような決済サービス業者と「組めば」よいの

か。「組む」べき決済サービス業者には、以下の2種類（2つの方向性）
がある。

1. データリッチな決済サービス業者
2. 分析リッチな決済サービス業者

　データリッチな決済サービス業者とは、取得できる消費者購買決済
データが、広く深い決済サービス業者だ。図表3-8で示すとおり、決済
サービス業者は決済総額しか決済データを取得できず、SKU単位ではな
いので広く浅いが、決済サービス業者の中には、自社グループ内にEC
ショッピングモールを保有しているケースがある。

　例えば、自社グループ内に「楽天市場」を有する楽天カード、Yahoo!
ショッピングを有するPayPayなどである。こういった決済サービス業者
は、自社グループ内のECショッピングモール内で幅広い多種多様なア
イテムを扱っており、ECショッピングモール内でのSKU単位での購買
決済データを取得できる。

　したがって、広く深い購買決済データを取得できるわけで、もし流通
小売業が取得できる購買決済データをできる限り広く深くしたいと考え
る場合（図表3-9）、これらの決済サービス業者が「組む」相手として候
補に挙がることになる。

**購買決済データ取得のためのビジネスパートナー（分析リッチ）**
　一方で、「データがリッチになったとしても、適切な分析ができなけれ
ば、そのデータは宝の持ち腐れでないか！」と考える流通小売業も多い
だろう。そういう場合「組む」べき決済サービス業者は、分析リッチな
決済サービス業者となる。

　日本企業の多くが陥っている罠がある。DXという旗印だけが掲げら
れ、消費者が不便に感じていることからの解放、メリット、利便性の提

図表3-9　データリッチな決済サービス業者と「組む」

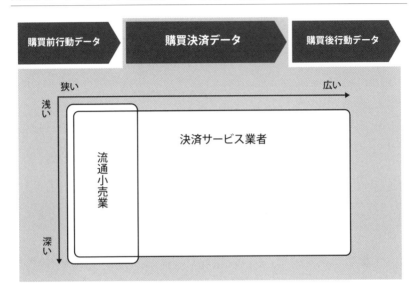

供という大義がないまま、ただひたすら「データを集めろ！　データか
ら、打ち出の小槌のように何か宝物が出てくるはずだ！」と言われ、全
く無駄な作業を行い、宝物ではなくジャンクなごみの山データを前に途
方に暮れるという罠だ。

　そういう日本企業が多いからこそ、実は分析リッチな決済サービス業
者と「組む」意義は大きい。

　分析リッチな決済サービス業者の代表例が、三井住友カードである。
三井住友カードは2020年4月にデータ戦略部を新たに創設し、既存加盟
店＝流通小売業を中心とし、製造業や自治体に対し、マーケティング支
援サービスを展開している。

　当該の加盟店に来店する顧客を性別、年代、年収、居住エリア、来店
頻度といった切り口で集計したデータを固定メニューとして提示するオ

ンラインサービスの「Custella Insight（カステラ インサイト）」がある。また、加盟店や企業などが持つ個別の課題やニーズに対し、キャッシュレスデータと企業が保有するデータ、天候データ、クチコミデータなどを掛け合わせた分析や、独自の切り口での詳細分析、考察レポートなどを提供する「Custella Analytics（カステラ アナリティクス）」といったサービスを提供している。個々の加盟店＝流通小売業に合わせたオーダーメイドの分析と具体的な打ち手の提供となることから、経営コンサルティングサービスにも近いサービスだと言える[8]。

　重要なのは、日経XTECHの記事の中でも述べられているように「多くの小売業は、自社店舗での購買行動は把握できても、その前後に同じお客様が、どのエリアでどのようなお買い物をされているのか、休日にはどこでどのようなことをして楽しまれているのかといった、外の世界の購買行動をとらえることは難しいと考えています。しかし、当社のキャッシュレスデータを使えば、個々のお客様の購買行動をベースに、メインとなる商圏やライフイベント、趣味嗜好などをトータルに深掘りし、新たなアプローチを採ることができます」と、消費者個人＝消費者IDを重視しているところだ。

　詳細は後ほどしっかりと検討するが、本書でいう「分析」とは、セグメンテーションマーケティングではない。One to Oneマーケティングなのである。この点を理解できていないと、「都心に住み、一部上場企業勤務で年収1500万円以上の30代男性セグメントは、休日に家族と○○する傾向がある」などといった、セグメントに注目したデータ解析を行い、それを「分析」と呼ぶことになってしまう。
　そうではない。そのようなデータ解析結果は、30年前の1990年代から

---

8)　https://special.nikkeibp.co.jp/atclh/NXT/22/dell_innovators04/

できていたことだ。確かに1990年代と比較すればその精度は向上しているだろうが、何をいまさらという感じだ。

　そうではなく、ある特定の消費者に注目し、その消費者の人生を、購買行動という側面からデータ収集、分析し、何を購買したらその人が満足し、幸せになり、人生を豊かにできるのかを明らかにする、そして、提案する。これが、データ解析から得られる「分析」なのである。**顔の見えない集団（セグメント）を理解するのではない。ひとりひとり、表情と感情がある＝顔が見える個々人を理解するのである。**したがって、分析リッチな決済サービス業者と「組む」場合、その選択基準は、大義をもってOne to Oneマーケティングで一緒に伴走してくれるかどうかということになる。

## ステップ4 :「購買後」消費者購買行動データを取得する

　これまで検討してきたように、購買前の消費者購買行動データ、購買そのものである消費者購買決済データを取得したら、次に購買後の消費者購買行動データを取得することになる。購買後の消費者購買行動データとは、消費者の使用体験のフィードバックである。例えば、レストランで食事し、その料理が美味しかったのか、サービスは満足できるものだったのか、これからもそのレストランを利用したいと思っているのかといったフィードバックだ。あるいは、ビジネス書を読み、面白かったのか、学びを得たのか、その著者のファンになり、他の著作を読んでみたいと思ったかといったフィードバックである。

　これら消費者のフィードバックには、

1.　消費者の能動的なフィードバック
2.　流通小売業に促された受動的なフィードバック

図表3-10　能動的フィードバック vs. 受動的フィードバック

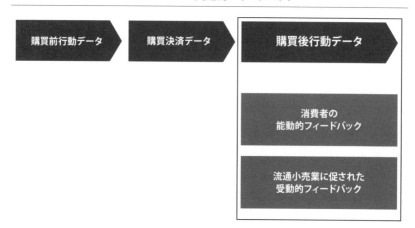

がある（図表3-10）。

## 消費者の能動的なフィードバック

　消費者の能動的なフィードバックとは、「食べログ」などのレビューサイトに食事体験の感想をコメントしたり、Amazonや楽天の商品ページにレビューをコメントしたりする、さらには、TwitterなどのSNSに使用体験を投稿するといった、製品やサービスの使用体験を消費者が能動的にフィードバックすることである。

　先述のとおり、チャネルとはオムニチャネルを意味しているので、オンラインチャネルにレビュー機能があれば、そこにフィードバックを書いてもらうことができる。また、消費者相談窓口、カスタマーセンターを設置し、そこで消費者のフィードバックを取得しているという企業も多い。しかし、オンラインチャネルのレビューも消費者相談窓口も消費者理解という意味で機能していない日本企業が多い。

　まず、オンラインチャネルを持つ企業は多いが、一部のメジャーな企

業を除いて、閑古鳥の鳴いているオンラインチャネルが大半で、レビューがほとんどない商品ページが量産されているからだ。

　オムニチャネルとは、単にオンラインチャネルとリアル店舗が融合していればよいということではない。そうではなく、オンラインチャネルもアクティブユーザーで賑わっており、様々なレビューが書き込まれていることが求められる。地方のシャッター商店街のようなオンラインチャネルでは、消費者のフィードバックデータが十分に得られない。

　また、ずいぶん昔から消費者相談窓口を設置している企業も多い。しかし、これも消費者理解の観点でいうと、適切なチャネルではないことが散見される。なぜならば、消費者相談窓口に寄せられる消費者のフィードバックは、一部の尖った声であり、大半の消費者は消費者相談窓口に対して声をあげないからだ。読者諸氏のケースを考えてもそうだろう。

　消費者が相談窓口に声をあげる場合とは、届いた商品に傷がついていた、使用途中で壊れたといった、何かトラブルがある場合である。問題なく商品を使用できている場合、相談窓口に声をあげることなどないはずだ。

　したがって、消費者相談窓口は、大多数の声に出さない声は拾い上げることができていないのである。

**流通小売業に促された受動的なフィードバック**

　では、どうすれば、幅広く消費者のフィードバックを取得できるようになるのか。それが、流通小売業に促された受動的なフィードバックである。企業側から積極的に消費者にフィードバックを促すことで幅広く消費者のフィードバックを取得するのである。

　北欧でアパレル・スポーツ用品を展開するXXLでは、2020年からHappyOrNot®ソリューションを利用して、消費者からフィードバックを

取得している。スマイリーターミナル™という端末のパネルに質問を掲示し、消費者は4つのスマイリーボタン（緑色は非常に幸せ、明るい緑色は幸せ、ピンク色は不満、赤色は非常に不満を表す）のいずれかを押すことによって回答を入力する非常に単純な仕組みで、消費者のフィードバックを取得する。

　重要なことは、消費者がフィードバックする際に、単純で手間がかからないことだ。多くの企業では、メールで消費者のフィードバックを求めることがあるが、回答率は非常に低い。
　というのも、メールを開封する⇒メール本文を読む⇒メール本文のリンクを踏む⇒ホームページに飛び、ホームページ本文を読む⇒フィードバックを回答する⇒ホームページを閉じる、と手間がかかり面倒だからだ。
　流通小売業が消費者にフィードバックを促す際のコツ、それは**非常に単純な仕組みで、手間がかからないようにすること**である。XXLでは、スマイリーターミナルという単純な仕組みを活用することで、四半期ごとに約100万件、半年間で200万件を超える消費者からのフィードバックを得ている[9]。

　日本でも、岡山を中心に展開する天満屋ストアでHappyOrNotソリューションを導入している。これまでアンケート調査などで定性的に調べるしかなかった顧客満足度を、定量的に継続して把握しようと取り組んでいる。
　消費者IDと紐づけていくためには、例えば、レジ横にスマイリーターミナルを設置し、ID-POSと紐づける。そして、フィードバックを行った場合、ポイントが1%加算されるなどとすれば、消費者IDと紐づいた購

9）　https://happyornot.alohaworks.jp/case-studies/xxl/

買後の消費者購買行動データとして取得が進んでいくようになるだろう。

## ステップ5：消費者購買行動データを分析する

　これまで、個々の消費者を購買面から理解するために、購買前、購買決済、購買後、どのようにして、どのような消費者購買行動データを取得していくべきかということを検討してきた。データを取得したら、次に、それらのデータを分析し、消費者を理解し、消費者に提案していくことになる。ここからは、何を誰が分析していったらよいのかを検討していく。ここで検討すべきは、次の3つのポイントだ。

1. 何をどういうプロセスで分析するのか、それぞれのプロセスで何が起こるのか
2. 流通小売業の社内の人材で分析するのか、社外の協力を仰ぎ分析するのか
3. 社外の協力を仰ぐ場合、どうやって社外の分析サービス業者を選択するのか

### 分析のプロセス全体像

　まず、何をどういうプロセスで分析するのか、それぞれのプロセスで何が起こるのかについて検討する。プロセスを検討する際に最初に確認しなければならないのは、データ分析プロセスの設計である。

　**データ分析とは、仮説を確認する行為であり、方程式を解いて答えを発見する行為ではない**（図表3-11）。たくさんデータを集め、何かの分析をすれば、方程式を解いて答えを出すように何かお宝を発見できるということは、まずありえない。ところが日本企業の多くは、こういう分析プロセスの設計をし、ただやみくもに消費者購買行動データを収集する。そして、「何か発見できないかなあ？」と、いろいろな分析をし、そ

図表3-11　正しいプロセス vs. 間違ったプロセス

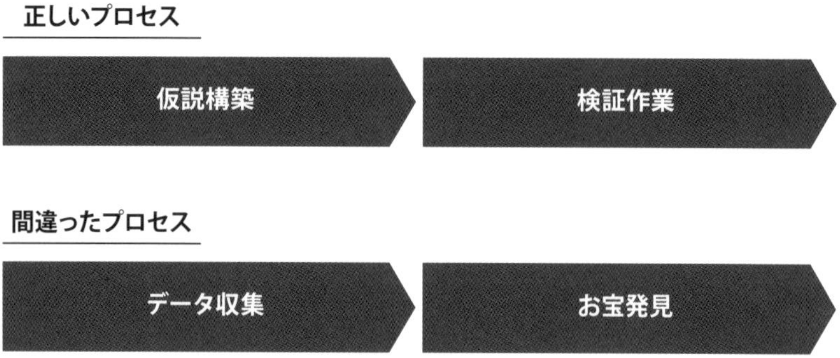

**正しいプロセス**

| 仮説構築 | 検証作業 |
|---|---|

**間違ったプロセス**

| データ収集 | お宝発見 |
|---|---|

の結果大した発見ができず時間と労力の無駄に終わることが多い。

　そうではなく、最初に初期仮説を構築する。おそらくAという消費者にとっては、「この商品カテゴリーは時間をかけてでも自分自身で意思決定をしたいカテゴリーのはずだ」。「でも、あの商品カテゴリーは良い提案さえあれば他人の判断に委ねてもよいと思っているはずだ」。そして、「あの商品カテゴリーでは、こういった商品を提案すれば、喜んでくれるはずだ」と初期仮説を構築する。果たしてそれが合っているかどうかを、その消費者Aの購買前、購買決済、購買後の消費者購買行動データを分析することで、検証、確認するのである。

　このような視点で考えると、データ分析のプロセスは、図表3-12のようになる。

## 初期仮説構築のアプローチ

　最初に目的の明確化＝大義の確認から始まる。本書で何度も確認しているように、個々人の消費者を購買面から理解し、個々人の消費者へ良い提案をすることで、過剰な情報量がある現代で意思決定の疲弊から消費者を解放する。その喜びを体験してもらうことで流通小売業が消費者から信頼され、長期的に関係が継続し「顧客生涯価値（LTV：Life Time

図表3-12　データ分析のプロセス

| 目的の明確化 | 初期仮説の構築 | 分析方法の定義 | データ収集 | 分析 |
|---|---|---|---|---|
| ✓個々人の消費者を購買面から理解<br>✓個々人の消費者へ良い提案<br>✓意思決定の疲弊から消費者を解放<br>✓流通小売業が消費者から信頼される<br>✓LTVの最大化 | ✓ある消費者は、この商品カテゴリーは自分で意思決定したい<br>✓あの商品カテゴリーは、良い提案に任せたい<br>✓あの商品カテゴリーは、こういう商品を気に入るはずだ | ✓プロジェクト計画の策定と同じ<br>✓分析方法の定義も実行前の仮説にすぎない<br>✓仮説にすぎないので、プロジェクト計画同様、何度もバージョンアップが必要になる | ✓社内の既存データ、新規収集データの取得<br>✓データ統合、クレンジング、欠損値の確認など、データ準備には膨大な労力が必要となる | ✓分析方法の選択<br>✓試行錯誤<br>✓ビッグデータを分析するため、AIの活用 |

Value)」を最大化できることが、大義なのである。

　実際にデータ分析プロセスを進めていくと、何のためにこの分析を進めているのかわからなくなることがある。そういうときにはこの大義を叶える分析になっているかどうかを振り返ることで、目的達成に資する分析に立ち戻ることができるわけだ。

　そして、初期仮説の構築を行うことになる。アパレルショップの店員でもラーメン店の店主でも、消費者理解はそれほど難しいことではない。アパレルショップの店員にもラーメン店の店主にも、何人か常連客がいるはずだ。あの常連客Aは、こういうデザインの服が好みでこういう色合いが好きで、「先日入荷したあのワンピースを提案したら喜んでくれるはずだ」だ。「あの常連客Bは、いつも麺硬め、ヤサイマシでオーダーするので、カスタマイズはもう理解している。だから今度ノーコールで提供してみよう」といったふうに仮説を立てるということなのである。

　私は『ラーメン二郎にまなぶ経営学──大行列をつくる26の秘訣』（東洋経済新報社）を上梓するくらい二郎が好きで常連となっている店舗もあるのだが、その店舗ではコールされない。コールとは、ラーメン提供

直前に「ニンニク入れますか」と聞かれることだ。この質問に対し、来店客は「ヤサイマシ、ニンニクマシ」とか「カラメ、アブラ」とか、自分の好みを回答し、カスタマイズをしてもらう。しかし、他の来店客はみなコールされるのに、私はコールされることなくラーメンが提供される[10]。それは、店主が私の好みを完全に把握していることを示しており、しっかりと消費者理解をしていることを示しているわけだ。

　コールをされないことで、目立つ。同じカウンターに座っている来店客からは「あの人コールされてない！　店主が認めた常連客だ！」と羨望のまなざしを向けられる。これを常連客だけではなく、多くの消費者に対して行っていくのが、データ資本主義時代の次世代流通小売戦略なのである。

　米国発で有楽町、渋谷などに出店する流通小売業である「b8ta」では、小売店を消費者購買行動データを取得する場として位置づけている。もちろん商品の販売もするのだが、位置づけはデータ取得の場なのである。

　店内にAIカメラを設置し、消費者IDは取得しないが、カメラで年齢層と性別を自動判別する。そして、その来店者の店内の動きを映像で捉え、動線データ化する。何かの商品の前で5秒以上立ち止まった回数もカウントし、データ化する。

　一方で、b8taの店員は、「b8taテスター」と呼ばれる。販売員としての役割はもちろんあるのだが、来店客とコミュニケーションをとることで、来店客の興味関心、欲求などの消費者購買行動データを引き出すことを役割としているのである[11]。

　初期仮説を構築することは決して難しいことではない。個々の消費者

10)　または「いつもので？」と聞かれる。
11)　一歩先への道しるべ「『売らない店』がなぜ売れるのか」。
　　https://project.nikkeibp.co.jp/onestep/casestudy/00007/

を顔の見える人間だと考え、まるで友人や家族のようにその消費者に興味関心を持ち、「何をプレゼントしたら喜んでくれるかなー？」と考えることで初期仮説を構築できるのである。日本企業の多くは、消費者をエクセルの数字で見ているから、初期仮説が立てられないだけだ。

## 分析方法の定義とはプロジェクト計画の策定である

　初期仮説を構築できたら、それを検証する「データ分析」が始まる。どういう作業をどういった段取りで行うかを決める「分析方法の定義」だ。「データ分析」とはプロジェクトであり、「分析方法の定義」とは、言い換えればプロジェクト計画の策定である。

　消費者理解をするために、既に社内にある消費者購買行動データをどう活用し、新規収集するデータがどのようなデータで、どういう段取りで収集していくか、そして収集したデータを決定木分析にするのか、回帰分析にするのか、アソシエーション分析にするのかなどを決定し、計画を立てる。

　プロジェクト計画の策定をしたことがあるプロジェクトマネジャーなら骨身に染みてご存知だと思うが、プロジェクト計画が当初の予定どおり進むことなど、ほぼ百％あり得ない。社内データを活用しようとしたら、データが欠損していて補わなければならないだとか、見積書や発注書などの非構造化データになっており、構造化データへの変換が必要だったとか。実際にプロジェクトを進めていくと、計画時に予期しなかった事態が次から次へと発生し、計画の変更を余儀なくされる。

　プロジェクトとはそういうものだ。プロジェクト計画は、所詮机上の空論にすぎず、実際にプロジェクトを開始すると、たいていの場合、何度も何度も修正、アップデートを余儀なくされる。そういうものだと理解して、いかにリスクマネジメントをできるかが、プロジェクトマネジャーの腕の見せ所なのである。

　このように考えると「分析方法の定義」も、最初からガチガチに決めるのではなく、とりあえずこういう形で行こうというくらいの感じで、肩に力を入れず、サッと決めてしまってかまわない。**大切なのは、実際プロジェクトが始まってからの、現場対応力、修正力、リスクマネジメント能力なのである。**

**データ収集では分析の準備を意識する**

　そして、実際にデータ収集を行っていく。先述のとおり、ここが四苦八苦するかなり大変なところである。単にデータ収集すればよいということではなく、次のプロセスの分析につながるようなデータ収集をしなければならない。すなわち、**データ収集の要諦は、単なる「収集」よりも「データプレパレーション＝分析の準備」なのである。**

　分析のためには、データにエラーやミスがあってはならない。だから、欠損値を確認し、不要データは削除し、データとデータを統合し、データクレンジングを行わなければならない。データを統合しようとしたら、構造化データと非構造化データが混在していて、非構造化データを構造化するために膨大な作業量が発生するなど、多くの企業が混乱、疲弊するプロセスである。

**代表的な8つの分析手法**

　分析のための材料、データが集まったら、次に分析を行う。本書はデータ資本主義時代の次世代流通小売「戦略」を検討することが目的なので、分析手法について紙幅は割かないが、簡単にその手法を紹介する（図表3-13）。

1.　決定木分析

　上位概念を下位概念にMECEに構成要素に分解することで、要素の相互関係を見る分析である。大切なことは、①**MECE**（抜け漏れなく、重

図表3-13　データ解析の手法

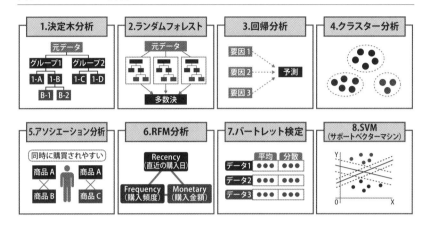

なりなく）**に分解し、②構造化し、③それぞれの下位概念が上位概念に**
どのくらいの影響を与えるのか、その**重みづけ**を行うことである。

### 2. ランダムフォレスト

　後述するAIを活用した機械学習では、様々な分析データを使用する
が、学習データとして決定木を使用する際に、少しずつ異なる決定木を
たくさん集めること、これをランダムフォレストという。決定木単体で
は過学習しやすいという欠点があり、ランダムフォレストはこの問題に
対応する方法の一つとなる。

### 3. 回帰分析

　回帰分析は、将来予測をする際に使われるデータ解析の手法で、どの
ような要因があると、どういった結果が出るのかといった変数を用いて
解析する。要因を表す変数を説明変数、結果を表す変数を目的変数と
し、一つの目的変数を一つの説明変数で予測する単回帰分析、一つの目
的変数を複数の説明変数で予測する重回帰分析などがある。消費者の購

買行動は様々な要因が重なり合い行われることから、重回帰分析が行われることが多い。さらに、答えが「はい」か「いいえ」の2択で集計を行い、特定の事象が起こる確率を予測するロジスティック回帰分析などもある。

## 4. クラスター分析

　クラスター分析とは、異なる性質が混ざり合った集合体の中から、似たような特徴を持つ個を集めてクラスター（集団）をつくり、解析する手法である。マーケティング戦略策定プロセスにおけるセグメンテーションと同様である。従来は、性別、年齢、所得などのデモグラフィック変数や国、地域などの地理的変数でクラスターを形成していたが、消費者の趣味嗜好やライフスタイルが多様化したことにより、現在は、価値観、ライフスタイル、嗜好性などのサイコグラフィック変数や使用頻度、ロイヤリティなど行動・態度変数でクラスターを形成することが多い。後ほど検討するAIによるビッグデータ解析では、この変数をより多くして、クラスターの細分化を行うことで、個々人の消費者理解の精度が高まっていく。

## 5. アソシエーション分析

　「Aという条件の場合に、Bという結論が出る」といったルールの信頼性を、支持度（全体の中で先述のルールが発生する割合）や確信度（Aの条件下でBの結論が出る割合）などを使って評価することで、無数のデータの中から関連性を見つけ出す解析手法が、アソシエーション分析である。一見因果関係がない2者間の関連性を見出し、仮説を立てる分析方法で、外資系コンサルティング会社でもよく使われる分析手法だ。

## 6. RFM分析

　直近の購入日（Recency）、購入頻度（Frequency）、購入金額（Monetary）

の3つの指標を用いて、消費者をグルーピングし、ランク付けを行う分析として一般的に使用される。個々の消費者購買行動分析の場合は、購買品目のばらつきを見ながら、次回購買日予測をしたり、消費者自身の意思決定の重要性を判断したりする。

## 7.　バートレット検定

　バートレット検定とは、複数の群からなる標本について分散が各群とも等しいかどうか（分散の均一性）を検定する分析である。医療領域でよく使用されているが、消費者購買行動分析では、使用される機会を見ることはそれほどない。

## 8.　SVM（サポートベクターマシン）

　SVMは、機械学習アルゴリズムの一つで、分類と回帰のどちらのタスクにも利用可能だが、分類タスクにより多く利用される。高速で信頼性のある分類アルゴリズムで、少ないデータ量でも良い性能が期待できると言われている。

## ビッグデータの処理

　以上、いくつかの代表的な分析手法を紹介したが、こうした様々な分析手法を駆使し、消費者購買行動分析が行われることになる。しかし、実際に消費者購買行動分析を行おうとすると、さらに問題が生じる。それは、Volume（データ量）、Velocity（速度）、Variety（多様性）の3つのVだ。

　数人の常連客の接客による消費者理解であれば、アパレルショップの店員でもラーメン店の店主でも直感的に、自分の頭でできる。数百人、数千人のID-POSデータによる消費者理解であれば、マーケティングや心理学、統計学を学んだ担当者が表計算ソフトを使用することでできる。

　しかし、購買前のWeb上での行動履歴、検索履歴、リアル店舗での動

線データ、購買決済データ、レビューサイトやSNSでの投稿内容、音声、動画など多種多様なデータを、自社のポイントアプリ会員1800万人、3000万人に対して分析しようとすると、Volume（膨大な量）、Velocity（高速な発生速度）、Variety（多様性）というビッグデータとなり、それをどう取り扱うかという問題が生じるのである。

　このような膨大なデータは、人間が処理することはできず、AIにその処理、分析を任せることになる。基本的なプロセスは、先にも検討したように、クレンジングし、処理されたデータをAIに学習させ、そこから解析、分析結果を得ることになる。

　エノテカが運営するワインオンラインチャネル「エノテカ・オンライン」では、2000種類を超えるワインの味わい要素をデータ化している。そして機械学習で関連付けしたレコメンド機能を構築、個々の消費者に適したワインを提案している。その結果、おすすめワイン枠からの購買率を2倍に向上させている。

　多くのオンラインチャネルでは、「この商品を買った人は、こんな商品を閲覧しています」程度のレコメンドにとどまっているが、エノテカ・オンラインでは、産地、品種、価格帯、醸造方法など、いくつかの軸を設定し、その細かなチューニングを機械学習で行い、担当者が味わいを検証するというプロセスを繰り返すことで、妥当なレコメンドが可能になった。エノテカではオンラインのソムリエを目指し、ソムリエの職人技であるレコメンドレベルをエノテカ・オンライン上で実現したいとしている[12]。

---

12)　https://www.brainpad.co.jp/rtoaster/case/detail7/

# 社内の人材で分析するのか、
# 社外の協力を仰ぐのか

　以上のように、消費者購買行動データ分析は5つのプロセス（図表3-12）で行われることが明らかになった。それぞれのプロセスでの問題点、難しさを説明してきたが、既にデータ分析を行っている流通小売業でも、これらの問題点、難しさに立ち向かい試行錯誤しながらデータ分析に取り組んでいる。

　既に取り組んでいる流通小売業もそうだが、これから消費者購買行動データ分析に取り組もうと考えている流通小売業には、新たな問題が生じる。それは、社内の人材だけで分析プロセスを完結させるのか、それとも社外のコンサルティング会社やデータ分析会社の協力を仰いで分析プロセスを実行していくのか、という問題だ。

## 消費者購買行動データ分析の人材ポートフォリオ

　この問題を検討するために、そもそも消費者購買行動データ分析プロセスを実行するには、どのような人材が必要となるのかを考えてみよう。必要となる人材ポートフォリオは、以下のように分類することができる（図表3-14）。

1. マーケティングデザイナー
2. プロジェクトマネジャー
3. データサイエンティスト

　マーケティングデザイナーとは、次世代流通小売戦略のグランドデザインを描き、マーケティング戦略、デジタルマーケティング戦略に落とし込み、オンラインチャネルの設計、リアル店舗の設計をできる人材で

図表3-14　データ分析STEPと担当者の役割

| マーケティング<br>デザイナー | プロジェクト<br>マネジャー | データ<br>サイエンティスト | チーム全体 | チーム全体 |
|---|---|---|---|---|
| ✓マーケティングのグランドデザイン<br>✓マーケティング戦略策定担当<br>✓デジタルマーケティング戦略策定担当<br>✓オンラインチャネル設計<br>✓リアル店舗設計 | ✓データ収集プロジェクトマネジャー<br>✓分析プロジェクトマネジャー<br>✓高いプロジェクト管理能力<br>✓リスクマネジメント能力 | ✓分析を行うために必要なデータ収集<br>✓データプレパレーション<br>✓分析モデルの提言、決定<br>✓データ解析、データ可視化 | ✓可視化された結果に対して、検証評価<br>✓仮説が間違っていた場合は、2次仮説の構築<br>✓仮説が合っていた場合は、具体的な施策策定へ | ✓施策策定<br>✓施策実行<br>✓施策結果評価 |

ある。要するに本書の内容全体をリードできる人材だと考えればよい。

　ここでいう「デザイナー」とは、美しいビジュアルを表現できる人材という意味ではなく、デザイン＝設計という意味で、マーケティング活動全体の設計士だと考えてもらえればよい。

　オンラインチャネルでどのような消費者購買行動データをどう取得するかを設計し、リアル店舗ではどのような消費者購買行動データをどう取得するかを設計する。それぞれのチャネルでのデータ取得を設計した上で、消費者のペルソナを具体的にイメージしながら、「おそらくこの商品カテゴリーは、時間をかけてでも自分自身で意思決定をしたいカテゴリーのはずだ。でも、あの商品カテゴリーは、良い提案さえあれば、他人の判断に委ねても良いと思っているはずだ。そして、あの商品カテゴリーでは、こういった商品を提案すれば、喜んでくれるはずだ」と、初期仮説を構築できる能力が必要となる。

　プロジェクトマネジャーとは、マーケティングデザイナーが構築する初期仮説を正しく理解し、データ分析をする上で必要なデータが既に社内にどれだけ存在し、どうすれば取得できるかのプロセスを考え、もし

既存の社内データだけでは足りない場合には、オンラインチャネル、リアル店舗で、新規データを取得できる人材である。

　既存の社内データの多くは、必要な情報が欠損していたり、非構造化データであったりと、直ちに活用できないデータであることが多い。それを見越して、プロジェクトのリードタイムを設計するなど、高いリスクマネジメント能力が要求される。スーパーマンではないので、すべてを見越してプロジェクト計画を策定することは現実的にできない。だから、必ず予期せぬ事態が発生する。それでも、プロジェクト計画を修正、アップデートし、プロジェクトを完遂する、タフな精神力、執念も要求される。

　データサイエンティストは、プロジェクトの実行部隊である。プロジェクトを遂行する上で必要な消費者購買行動データをプロジェクトマネジャーに提言し、プロジェクトマネジャーの指示の下、既存の社内データを収集する。一方で、新規データをオンラインチャネル、リアル店舗から収集し、データクレンジングを行い、データプレパレーションを行う。データに対しどの分析モデルを採用するかをプロジェクトマネジャーに提言し、ビッグデータをAIに機械学習させる。その際には、ハイパーパラメータや特徴量の選び方を工夫し、過学習のリスクを回避する。このようにアルゴリズムや予測モデルの実装を行い、データを解析し、データの可視化を行う。

　可視化されたデータに対しては、マーケティングデザイナー、プロジェクトマネジャー、データサイエンティストが一体となって、初期仮説に対する検証評価を行う。初期仮説が正しいと検証された場合は、具体的な施策策定を行うことになる。初期仮説が正しいと検証されなかった場合は、2次仮説を構築し、再び分析プロセスを回し、正しい仮説を探求することになる。

こうして、正しい仮説を得られたら、マーケティング施策群を策定し、オンラインチャネル、リアル店舗で、消費者に対し提案を行う。その提案に消費者が満足し、その流通小売業企業を次第に信頼し長期的な関係を構築できるようになれば、その施策は成功である。そうでない場合は、さらに施策を修正し、提案を行っていくということになる。

このような人材ポートフォリオを、既に社内に保有している、または十分育てられそうだという場合は、流通小売業の社内の人材で、消費者購買行動データ収集、分析のプロセスを進めていけばよい。もし、社内にこういった人材が存在しない、または、育てるのに時間がかかりそうだという場合は、社外の協力を仰ぐことになる。では、どのように社外の協力を仰いでいったらよいのか、次に検討していこう。

## どのように社外の協力を仰ぎ、分析するのか

社外の協力を仰ぐといっても、デジタルマーケティング領域の社外支援企業は百花繚乱であり、どの企業に支援を依頼したらよいのかわからないということになりがちである。

支援企業は数多あるのだが、それぞれ得意分野、不得意分野があるので、自社のニーズに応じて必要な領域の支援を受けるようにするのがよい。消費者購買行動データ分析を行う際に検討すべき支援企業は、大きく次の5つに分類できる（図表3-15）。

1. 外資系総合経営コンサルティング会社
2. 外資系戦略コンサルティング会社
3. 流通小売業専門コンサルティング会社
4. マーケティングサービス出身支援会社
5. ビッグデータ分析サービス出身支援会社

図表3-15　消費者購買行動データ分析支援会社の類型

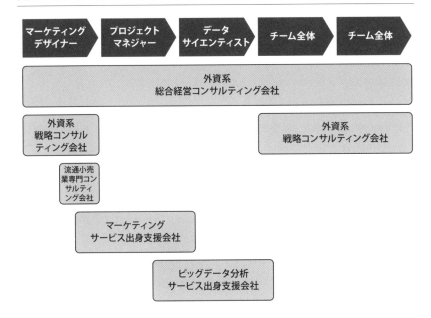

以下、それぞれの得意分野、不得意分野を検討していこう。

### 外資系総合経営コンサルティング会社

　まず、外資系総合経営コンサルティング会社である。アクセンチュアやデロイト トーマツなど、戦略策定から業務プロセス改善、システム構築、オペレーションアウトソーシングまで、ビジネスに関することであれば、何でも支援してくれるコンサルティング会社である。

　戦略領域の支援もできるので、マーケティングデザイナーのタスクである、次世代流通小売戦略のグランドデザインを描き、マーケティング戦略、デジタルマーケティング戦略に落とし込み、オンラインチャネルの設計、リアル店舗の設計といったタスクの支援もできる。

　プロジェクトマネジャーのタスクである、マーケティングデザイナーが構築する初期仮説を正しく理解し、データ分析をする上で必要なデータが社内にどれだけ存在し、どうすれば取得できるかのプロセスを考え、既存の社内データだけでは足りない場合、オンラインチャネル、リアル店舗で新規データを取得するといった支援もできる。

　データサイエンティストのタスクである、プロジェクトを遂行する上で必要な消費者購買行動データをプロジェクトマネジャーに提言し、プロジェクトマネジャーの指示の下、既存の社内データを収集し、新規データをオンラインチャネル、リアル店舗から収集し、データクレンジングを行い、データプレパレーションを行うという支援もできる。
　データに対しどの分析モデルを採用するかをプロジェクトマネジャーに提言し、ビッグデータをAIに機械学習させる。その際には、ハイパーパラメータや特徴量の選び方を工夫し、過学習のリスクを回避する。このようにアルゴリズムや予測モデルの実装を行い、データを解析し、データの可視化を行うといった支援もできる。その後の、仮説検証、施策決定、実行についても同様だ。**デジタルマーケティング領域の支援で、ある意味で万能なのが外資系総合経営コンサルティング会社である。**

　2017年に上梓した、拙著『デジタルマーケティングの教科書──5つの進化とフレームワーク』では、日本のコンサルティング業界における、アクセンチュアの独り勝ち、外資系戦略コンサルティング会社の凋落を予測したが、2023年現在、正にそれが現実のものになっている。もっとも、外資系総合経営コンサルティング会社を支援会社として検討する際には、気をつけなければならないこともあるので、それは章を改めて検討していこう。

## 外資系戦略コンサルティング会社

　次に、外資系戦略コンサルティング会社である。私が大学院を修了しコンサルタントになった1990年代後半から2010年頃まで、栄華を極めた外資系戦略コンサルティング会社だが、2010年以降は旗色がよくない。

　というのも、**日本企業のコンサルティング案件の中で、純粋な戦略案件が減少し、デジタル案件が激増していった**からである。外資系戦略コンサルティング会社は、戦略を策定することが仕事であり、業務プロセスやシステムといったオペレーションを変革することは仕事ではない場合が多い。

　外資系戦略コンサルティング会社では、今、躍起になってデータサイエンティストを採用し、デジタル案件対応を進めているが、コンサルタントの頭数が少ない。アクセンチュアもIBM、デロイトもそうだが、システム案件は頭数勝負なところもあり、彼らは存分にその頭数を揃えることができる。しかし、外資系戦略コンサルティング会社は規模が小さすぎて、アクセンチュアやIBM、デロイトと競争できる状況ではない。

　したがって、外資系戦略コンサルティング会社は、今後もデジタル領域で、外資系総合経営コンサルティング会社と勝負をしていくのは厳しい状況が続くだろう。

　もちろん戦略領域における知見は、外資系総合経営コンサルティング会社より優れていることが多いので、**マーケティングのグランドデザインを描き、マーケティング戦略、デジタルマーケティング戦略に落とし込み、オンラインチャネルの設計、リアル店舗の設計をするといったタスクの支援に関しては、日本最高レベルの支援を提供してくれる**だろう。

　しかし、その後のデータ収集、分析という実に泥臭く、七転八倒し、それでも起き上がり、というところは、支援するコンサルタントの頭数

が足りないし予算が合わないことになりがちだ。よって、**泥臭いところ
は流通小売業の社内でできますよということになれば、その後の仮説検
証能力、施策策定能力は極めて高いので、限られた領域にはなるが心強
い支援会社になるだろう。**

### 流通小売業専門コンサルティング会社

　流通小売業専門コンサルティング会社は、大手レストランチェーンの
スーパーバイザー30年とか、大手コンビニエンスストアのマーチャンダ
イジング部門最高責任者といった、長年の現場経験を活かして、グレイ
ヘア[13] が流通小売業の支援を行う支援会社である。

　**現場経験が長いので、現場感のあるリアリティあふれる支援をしても
らうことができる。**また、流通小売業を専門にしているので、業界に対
する知見も豊富で、歴史的背景、慣行もしっかり理解している。

　しかし、その経験は現場＝オペレーションが中心となるので、マーケ
ティングのグランドデザインとなると、支援が難しくなる。またリアル
店舗での現場経験が大半となるので、オンラインチャネルの支援や、そ
れらを統合したオムニチャネル支援、デジタルマーケティング支援にな
ると支援が難しくなるケースが多い。

　また、ID-POSのデータ分析ならまだしも、AIを活用するビッグデータ
分析は対応が難しい会社も多く、**消費者購買行動分析の中核となるデー
タ分析では、あまり支援を期待できない場合が多い。**

### マーケティングサービス出身支援会社

　マーケティングサービス出身支援会社は、ブランディング、広告運用、
MA活用、Webマーケティング、コールセンター管理など、マーケティ

---

13)　流通小売業界数十年の経験を持ち、その経験ベースでアドバイスを行う、通称「白髪の指南役」。

ング領域の様々な領域で支援を行っている会社である。マーケティング
領域をある程度網羅している支援会社もあれば、ブランディングだけと
いった、ある領域に特化した支援会社もある。

　マーケティングの様々な領域に対する知見が豊富なので、マーケティ
ングのグランドデザインを描くことは難しい場合があるかもしれないが、
オペレーション領域では、流通小売業界以外の知見も加味し、多種多様
な支援を行ってくれるだろう。ただし、流通小売業界の専門家ではない
ので、業界知識や業界の歴史的背景、慣行などに対する知見は薄い可能
性もある。また、**流通小売業専門コンサルティング会社同様、AIを活用
したビッグデータ分析領域になると支援を期待できない会社も多い。**

### ビッグデータ分析サービス出身支援会社

　最後に、ビッグデータ分析サービス出身支援会社である。CDPという
データ基盤を基に、AIを活用しビッグデータ分析ができる企業である。
CDPとは、Customer Data Platformの略で、個々人の顧客データを収集、
分析するためのプラットフォームのことである。

　CDPはセグメントではなく、個々の消費者を単位としてデータ収集し、
分析する。**データサイエンティスト、エンジニアを豊富に擁する企業が
多く、消費者購買行動データの「分析プロセス」では、非常に頼りにな
る支援会社である。**

　しかし、データサイエンティスト、エンジニアがその大半を占めるこ
とから、マーケティングデザイナーや、プロジェクトマネジャーのタス
ク領域の支援を求めることは難しい。したがって、マーケティングのグ
ランドデザインなど、構想領域、計画領域は、社内でできるという流通
小売業の場合は、残りのデータ分析領域で活躍を期待できる支援会社だ
と言える。

　マーケティングのグランドデザインから、データ分析、施策策定・実行まで、プロセスの詳細を検討し、どういうスキルを持った人材がそのプロセスを遂行すればよいのかということを検討してきた。「社内の人材だけでは、とてもではないが遂行できない！」と感じた読者諸氏も多いかもしれない。

　しかし、これらを社内で遂行しているロールモデル企業がある。次世代流通小売戦略を既に実行している企業を紹介し、この章を終わりにしよう。

## 次世代流通小売業のロールモデル：アリババグループ

　本書で提唱している、データ資本主義時代の次世代流通小売戦略を既にほぼ実現している企業がある。中国のアリババグループだ。アリババグループにはリアル店舗、オンラインチャネル、決済サービス業者、ビッグデータ分析支援会社と傘下に様々な企業が存在する。そのそれぞれについて、今から簡単に紹介していこう。

### リアル店舗＝盒馬鮮生（フーマーフレッシュ）

　フーマーフレッシュは、アリババグループ傘下のスーパーマーケットである。2023年2月現在で中国に約350店舗を展開している。リアル店舗で買い物をするためには、アプリのダウンロードと会員登録が求められる。したがって、リアル店舗であっても個々の消費者IDが取得された状態となる。リアル店舗で買い物をしていて、商品のバーコードをスキャンすると、アプリ上でカートに入る。そのまま持って帰るのが面倒なときには、デリバリーに切り替えることもできる。

　フーマーフレッシュでの購買決済データはすべて記録されるので、そのデータを機械学習することで、個々の消費者IDにおすすめ商品がレコ

メンドされる。レジはセルフレジで、商品のバーコードをスキャンする。アプリは、Alipay（アリペイ）と紐づいている。いくつかの店舗では、顔認証＝生体認証も可能である。

　こうして、リアル店舗でも消費者IDに紐づいた形で消費者購買決済データの履歴をSKU単位で蓄積することができるわけだ。

## オンラインチャネル＝天猫（Tmall）

　Tmallは、アリババグループ傘下のオンラインショッピングチャネルである。月間5億人のアクティブユーザーを抱え、アレクサ・インターネットのデータによれば2020年12月時点で世界で3番目に訪れる人が多いウェブサイトとなっている。2020年の総売上高は4982億元（約7兆7000億円）。Amazon日本事業の総売上高が2021年で2兆5378億円。その事業規模の大きさが窺える。

　既に検討してきたように、オンラインチャネルではログイン後の消費者IDに紐づいた購買前行動データを取得でき、SKU単位での購買決済データを取得することができる。Tmallでの購買決済の大半は、次に検討するアリペイで決済されており、リアル店舗、オンラインチャネルでのシームレスに統合された購買決済データを取得することができる。

## 決済サービス業者＝支付宝＝Alipay（アリペイ）

　アリペイは、アリババグループ傘下の決済サービス業者で、オンラインチャネル、リアル店舗での決済サービスを提供している。2019年10月時点での会員数は、12億人を超え、日本のPayPayの会員数5100万人（2022年9月）と比較しても想像を絶する事業規模を誇る。

　中国国内では加盟店数が4000万店舗を超え、日本でも加盟店数が4万店舗を超える。したがって、アリババグループ傘下のリアル店舗、オンラインチャネル以外にも、4000万を超える様々な流通小売業から消費者購買行動データを取得することができるわけだ。

## ビッグデータ分析支援会社＝アリババグループ

　これらの膨大な消費者購買行動データを分析するのが、アリババグループの「データバンク」だ。データバンクでは、消費者の決済データ、居住地、趣味嗜好などを含むアリババグループが保有するすべてのブランドのデジタルマーケティングに関するデータと消費者購買行動データを収集し、消費者が何を好み、どのようなライフスタイルなのかを明らかにしていく。それらの分析を基にプロモーション施策を策定、実行し、その効果検証まで行える。

　資生堂は2019年3月、アリババグループと戦略提携し、これらのビッグデータを活用し、消費者理解を進めている[14]。資生堂では従来、消費者理解を店頭での顧客への聞き取りやカスタマーヒアリングなどの手法で行っていた。しかし、広大かつ多様な中国市場では、正確な消費者像を捉えられないことが問題だったという。そこで注目したのがアリババグループのビッグデータだ。資生堂とアリババグループは共同で、膨大な消費者購買行動データを基に、消費者理解を深めていった。資生堂の中国事業の売上は2022年には2582億円となり、資生堂日本事業の売上2376億円を超えている。

　このように、アリババグループでは、オンラインチャネルとリアル店舗を消費者接点として構築し、購買前、購買決済、購買後の消費者購買行動データを取得している。アリペイという決済サービスを提供することで、自社流通小売業圏内だけでなく、4000万を超える加盟店での購買決済データも取得することができる。これらの膨大な消費者購買行動データを、アリババグループではデータバンクで分析し、消費者への提案施策を策定、実行することができる。正に、データ資本主義時代の次世代流通小売戦略のロールモデル企業であると言える。

14) https://diamond.jp/articles/-/233009

　読者諸氏の中で、流通小売業のデジタルマーケティング戦略、DX戦略を担当されている方には、アリババグループをロールモデルとすることをおすすめする。本書を読み進めながら、自社に足りているところ、足りていないところがどこで、これから何を推進していかなければならないのかということを考えてみてほしい。

## 必要なタイミングで購買体験を提供する2つのステップ

　次世代流通小売戦略のビジネスモデルは、以下の2つのパートがある。

Ⅰ．意思決定の疲弊から消費者を解放するために、良い提案ができるようになる
Ⅱ．必要なタイミングで必要な場所での購買体験を提供できるようになる

　これまで検討してきたのは、Ⅰの各ステップであった。ここからはⅡのパートを検討していく。Ⅱのパートは、以下の2つのステップに分解できる。

ステップ1：調達物流におけるメーカーとの連携＋システム構築
ステップ2：配送物流における物流業者との連携＋システム構築

　最初に、調達物流におけるメーカーとの連携＋システム構築から検討していこう。

## ステップ1：調達物流におけるメーカーとの連携＋システム構築

　次世代流通小売業では、オンラインチャネルとリアル店舗の在庫管理をシームレスにリアルタイムで管理できることになる。したがって、例えばワイン店のオンラインチャネルで赤ワイン「シャトー・カロン・セギュール」の注文が入れば、オンラインチャネル専用倉庫の在庫1本、または、赤坂店や銀座店の店頭在庫1本が引き当てられ、それらのうちどこかの在庫が1本減るという仕組み、システムが構築されなければならないわけだ。

　リアル店舗での注文も、北千住店に訪問してきた消費者に対して「シャトー・カロン・セギュール」の在庫がなかったとしても、すぐさま赤坂店、銀座店の在庫を引き当て「お客様、赤坂店や銀座店に行かれたら、ご購入いただけます。または、6時間後には北千住店でご用意できます。ご自宅に配送することも可能です」と、対応できなければならない。もし、流通小売業圏内に在庫がない場合は、卸（輸入業者）に発注するということになる。

　こういった流通小売業内の複雑な在庫管理だけでなく、常に店頭に魅力ある商品を陳列するためには、適正在庫を確保しながら販売数に応じて在庫を補充する調達物流におけるメーカーとの連携が必要となる。流通小売業の発注には、大きく2つの方法がある。

1. 定量発注方式
2. 定期発注方式

　1. 定量発注方式とは、在庫が発注点数を下回るたびに一定量を発注する方式だ。発注日時を定めず在庫量が減少するたびに発注する。流通小売業にとっては都合の良い発注方式だが、メーカーからしてみれば突

然発注があり、それに対して柔軟に迅速に対応しなければならないので、結構面倒で大変な発注方式である。

　2.　定期発注方式とは、「毎月20日」とか「3週間に1回」などと、時期を基準として発注する方式である。メーカーからすると発注が来るタイミングを予測できるので、発注量は確定しないものの需給が予測しやすく生産管理をしやすい方式だ。その一方で、流通小売業からすると、発注のタイミングは決まっているものの、その発注量の予測精度に悩まされることになる。

　いずれの発注方式も良い面、良くない面があり、どちらが良いというわけではない。どちらの方式でも、発注業務は経験、スキルが要求されるタスクである。販売数は、季節、曜日、天候、特売などの販促内容、売り場の構成、イベント、競合店の販促内容などにより、大きく左右されるからだ。よって、突然大量の追加発注がきて、メーカーがその対応に追われるのは日常茶飯事である。

　次世代流通小売業は、消費者理解をし、消費者に提案することで購買行動を促す。「提案しているにもかかわらず店頭在庫がない」ということは許されない。今まで以上に適正在庫の確保、すなわち調達物流におけるメーカーとの連携＋システム構築が求められるのである。

**調達物流におけるメーカーの問題**
　この問題を、メーカー側から考えてみよう。流通小売業からの発注に対して、メーカーは一般的に以下のプロセスで対応を行っていく（図表3-16）。

1.　流通小売業の発注をメーカー営業が受注
2.　メーカー営業から受注生産を製販管理部へ依頼
3.　製販管理部が受注生産を工場へ依頼

図表3-16　流通小売業からの発注に対するメーカーの対応

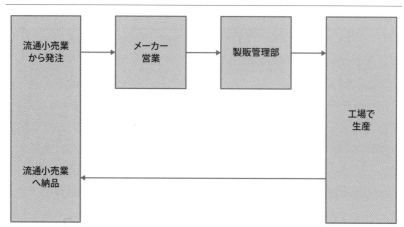

4.　工場が生産後、流通小売業へ納品

　次世代流通小売業は、「自ら消費者へ提案したものを、確実に店頭在庫で提供する」という使命を持つため、またそれが100万人、1000万人といった消費者IDに対する対応となるため、非常に複雑で高度な在庫管理を求められる。そのため、リードタイムの短い、細かい発注をメーカー営業にすることになる。

　メーカー営業の多くはそれを受け入れ受注する。しかし、**メーカー営業は、メーカー社内で針の筵に座る**ことになる。「なんでそんな条件で受注するんだ！」「その納期では、納品無理ですね」「お前は帳合[15]の奴隷なのか！」と、社内で責められるのだ。

　それはそうだろう。工場での生産は生産計画が立てられ、計画どおり行われている。突然、短いリードタイムで追加生産をお願いされても、

---

15)　メーカー営業は、流通小売業の中で「小売店」からの発注を受けることもあるが、中間流通業者の「卸」からの発注を受けることもある。メーカー営業では卸のことを帳合と呼ぶことがある。

対応できないことの方が多い。仮に対応できても、生産コスト削減が叫ばれている中で、追加コストをかけることになってしまう。ということで、流通小売業の「わがまま」を聞いてしまったメーカー営業は、メーカー社内で針の筵に座るわけだ。

　もっとも、メーカー営業の気持ちもわからないわけではない。工場が作り出す製品は、競合製品と比べても大して優位性がない。その優位性がない製品をなんとか小売店の棚に入れてもらおうと、流通小売業のバイヤーにお願いする。バイヤーは「納品価格このくらい下げられますか？」と言ってくる。でもここで納品価格を下げることは決してできない。それは営業部長から厳命されている。

　一方で、営業ノルマ達成も厳命されており、「ならば、せめて流通小売業からの発注には柔軟に対応できないと、これから営業できないよ！」となるわけだ。

## 製販管理部とメーカー営業の進化

　こういった流通小売業からの発注と生産計画を調整していくのが、製販管理部である。製販管理部の仕事は、大きく2つに分けられる。

1. 需要予測
2. 需給調整

　需要予測とは、出荷数の予測見込みを立てることである。メーカーは流通小売業からの発注を、PCや電話の前でじっと待っている「受け身」なのではない。そんなことをしていたら、受注ごとに生産量が変わり生産計画は大混乱に陥ってしまう。

　右往左往しないように、メーカーはメーカーで、流通小売業とは別に需要予測を行い、「能動的」に発注に対する準備をしているわけだ。そし

図表3-17　データ資本主義時代の次世代流通小売戦略

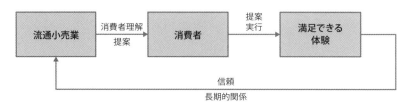

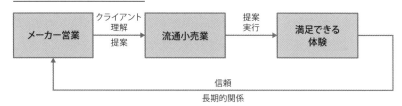

て需給調整は、需要予測に応じて生産計画や原材料調達計画を調整することになる。

　需要予測は、トレンド分析、季節分析、曜日分析など様々なパラメータで行われる。もちろん、これで大まかな傾向はつかめるわけだが、これらのデータは通常の生産計画策定には使えても、需給調整には使えないことのほうが多い。

　なぜならば、需給調整が必要になるのは、イレギュラーな流通小売業の発注が原因となるからである。でもこの問題は、流通小売業の現場を担当するメーカー営業の責任であるとも言える。

　**メーカー営業は、製品を売ることが仕事なのは当然だが、流通小売業の現場で今何が起きていて、次に何が起こり、だから何がこれから求められるのか、センサーとして予測、察知することも仕事**だからだ。

　このように考えると、次世代流通小売戦略をメーカー営業と流通小売業との関係にも当てはめることができる（図表3-17）。

　メーカー営業は、流通小売業のイレギュラーな発注を予測、察知できなければならない。そのためには、流通小売業のバイヤー、発注担当者を理解しなければならない。そのためには、バイヤー、発注担当者の発注行動データを取得し、分析することが必要になるわけだ。**ここで重要なのは、「発注データ」はもちろんのこと、「行動データ」である。バイヤー、発注担当者という人間に注目、人間を理解する**わけだ。

　では、どうすればバイヤー、発注担当者という人間を理解できるのか。バイヤー、発注者の行動を観察することも重要だが、何をしたいのか、何で困っているのかを相談してもらえる関係になることだ。

　しかし、基本的にバイヤー、発注担当者が、自分の悩みをメーカー営業に相談することはない。なぜならば、メーカー営業は自分にとって「敵」だからである。こう言うと驚かれるかもしれないが、バイヤー、発注担当者とメーカー営業は、基本的に敵対関係である。バイヤー、発注担当者は、少しでも安く仕入れたい一方で、メーカー営業は少しでも高く売りたいからだ。利害関係が真逆である以上、敵対関係となる（図表3-18、上）。敵対関係である限りは、バイヤー、発注担当者が、自分の悩みをメーカー営業に相談することはない。

## メーカー営業の「問題解決営業」

　では、どうすればバイヤー、発注担当者がメーカー営業に自分の悩みを打ち明けてくれ、メーカー営業がバイヤー、発注担当者を理解できるようになるのか。それは、**「敵」ではなく「仲間」になること**である。では、どうすれば仲間になれるのか。バイヤー、発注担当者に対して、悩み、問題を推察しアドバイスできるようになればよい（図表3-18、下）。

　では、バイヤー、発注担当者の抱える問題は何か。それは、消費者が

図表3-18　メーカー営業とバイヤーのこれまでの関係、これからの関係

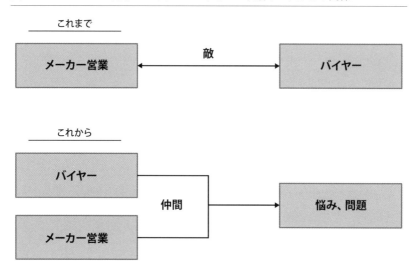

オンラインチャネル、リアル店舗に訪れた際に、必ず店頭在庫があるように適正在庫を確保することである。では、どうすれば、この問題を一緒に解決できるのか。問題解決をするために、メーカー営業には、以下の要件が求められる。

1. 次世代流通小売戦略の理解
2. メーカー内部の需給調整の仕組み、システムと発注対応の理解

　要するに、相手から求められることと、自分ができることを理解するということだ。
　次世代流通小売戦略の理解とは、バイヤー、発注担当者を取り巻く環境変化を理解し、彼らが流通小売業の中でこれから何を求められ、その結果、自分たちメーカーに何を求めてくるのかを予測、察知することである。

　メーカー内部の需給調整の仕組み、システムと発注対応の理解とは、流通小売業からの発注に、メーカー内でできる対応、できない対応を考え、どうすれば自社メーカー内で対応できるようになるのかを考えられるようになることである。

　この要件を満たすためには、メーカー営業は、新卒でいきなり営業に配属されるのではなく、しばらくの間、生産部門、またはSCM（サプライチェーンマネジメント）部門、情報システム部門に配属され、修業を積んだほうがよい。その上で、**SCMのわかる営業としてフロント部門に配属されるべきだ**。また、自社メーカーが販売する「製品理解」も然ることながら、目の前の「次世代流通小売戦略の理解」そして「バイヤー、発注担当者の理解」ができるように、しっかり勉強すべきだ。お得意様回りに忙殺され勉強不足なメーカー営業が多すぎる。

　勉強の目標は、以下のとおりである。

1. 小売店の在庫管理システム、自動発注システムに対し、良いアドバイスができるようになる。ABC分析や在庫回転率分析をバイヤー、発注担当者と行い、適正在庫数など管理ルール、パラメータを一緒に相談できるレベルになる。
2. 将来的には、流通小売業の在庫管理システム、自動発注システムと、自社メーカー内の受注管理システムの統合をできることを目指す。そのためにERPなどシステム領域における投資対効果を明らかにし、経営陣に提言できるレベルになる。
3. バイヤーであれ、発注担当者であれ、メーカー営業であれ、人間の予測には限界があるので、AIに学習させ、自動受発注の精度を向上させる仕組みを提案できるようになる。

**最終ゴールは、人間の手を離れたAIの判断による自動受発注により、**

流通小売業とメーカーの間の調達物流が、短いリードタイムで適正在庫について常にやり取りできるシステム構築である。そのカギは、メーカー営業のこれからの進化にある。データ資本主義時代の次世代スーパー営業となることに期待したい。

　こうして、メーカー営業がバイヤー、発注担当者の問題を一緒に解決し、「仲間」になることで、彼らと長期的な関係を構築できるようになる。そして、将来的に、流通小売業の在庫管理システム、自動発注システムと、自社メーカー内の受注管理システムの統合を果たせれば、生産リードタイムを確保し、製販管理部、工場に迷惑をかけることなく、クライアントに対応することが可能になっていく。

## ステップ2：配送物流における物流業者との連携＋システム構築

　これまでメーカーと流通小売業間の調達物流について検討してきた。次に、流通小売業と消費者間の配送物流について検討していこう。

　日本においてもオンラインチャネルの市場規模は拡大の一途で、その結果、流通小売業から消費者への配送物流も規模拡大の一途を遂げている（図表3-19）。2021年の宅配便取扱個数は50億個に近づき、5年間で10億個以上の増加となっている。このトレンドは拡大することはあれ、縮小することはない。

　一方で、物流サービスには2024年問題がある。これは2024年から施行されるトラックドライバーの時間外労働の規制強化で、ドライバーの数が増えない限り物流サービスの輸送量がかなり減少するという問題である。すなわち、物流サービス需要が上昇する一方で、物流サービス供給は減少する。ということは、サービスを提供しきれなくなるということだ。シンクタンクの予測では、2030年には35％の荷物を運べなくなるという。3つに1つの荷物は運べなくなるという、物流崩壊である。

図表3-19　EC市場規模は拡大、宅配便取扱個数も増加

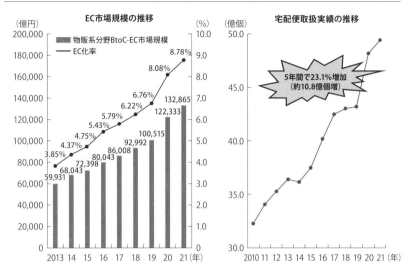

出所：経済産業省・国土交通省・農林水産省「我が国の物流を取り巻く現状と取組状況（2022年）」

　第2章でも検討したように、オンラインチャネルの競争優位性は、品揃え、利便性から、配送スピードへシフトしている。その状況下で、物流崩壊はオンラインチャネルにおける死活問題となる。では、配送物流における物流業者との連携＋システム構築をどのように行っていけばよいのか。今から検討していこう。

## 配送物流のプロセス

　オンラインチャネルから消費者までの配送物流は、以下のプロセスで進んでいく。ここでは、流通小売業が自社物流で配送物流を行うのではなく、ヤマト運輸や佐川急便など、物流業者を活用し配送物流を行うケースを考える。

　オンラインチャネル倉庫⇒発地営業所⇒発地ターミナル⇒着地ターミ

図表3-20　流通小売業から消費者への配送物流

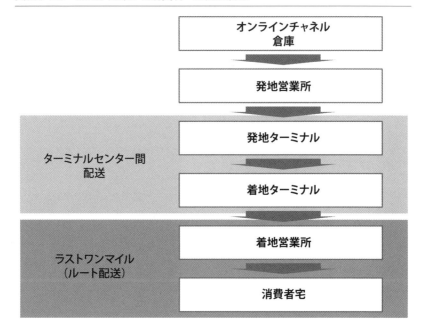

ナル⇒着地営業所⇒消費者宅（図表3-20）

　オンラインチャネル倉庫から出荷され、物流業者のサービスドライバーが出荷された荷物をトラックに積み込む。そして、発地の営業所へ戻り、そこから発地の大型ターミナル（センター）へ荷物を集約し、ターミナル間配送を行い、着地ターミナル（センター）に荷物が届く。そこから、消費者宅の最寄り営業所へ配送。営業所のサービスドライバーがトラックに荷物を載せ、消費者宅の玄関まで荷物を運んでくれる。
　この配送プロセスを、以下に分けて、検討していく。

1. ターミナル（センター）間配送
2. 着地営業所から消費者宅までのラストワンマイル（ルート配送）

　物流の2024年問題が危惧されているが、その根本的原因はドライバー不足にある。いろいろな要因があるが、そもそも賃金が安く長時間労働なので、ドライバーが増えない。オンラインチャネルでは、ある一定金額以上の注文は配送無料で商品を手に入れられることが多い。しかし、実際には、オンラインチャネルか物流業者がその配送コストをかぶる、または、按分しており、そのため物流業者の利益を圧迫することになる。ひいては、ドライバーの賃金が安くなるわけだ。物流量は増加するが、ドライバーのなり手がいないので、一人当たりの労働量は増加する。そうすると、長時間労働になり、ますますドライバーのなり手がいなくなるという悪循環に陥るわけだ。

　**この問題の抜本的解決策は、物流業務を極力人間が担わないようにすることに尽きる。**人間が担う限り、ドライバー不足の問題は永遠に流通小売業、物流業者の頭を悩ませ続けることになる。では、物流の無人化は、どう進められているのだろうか。1のターミナル（センター）間配送、2のラストワンマイルに分けて検討する。

## ターミナル間配送の解決策

　ターミナル（センター）間配送では、三井物産と Preferred Networks（PFN）の共同出資で設立された合弁会社T2が東京と大阪間の主要物流拠点を往復する、レベル4の自動運転トラックでの幹線輸送サービス事業に挑戦している[16]。レベル4自動運転とは、高速道路の特定条件下におけるドライバーを必要としない完全自動運転を意味する。2022年11月には、首都高速道路6号線で公道実証実験を行った。

　豊田通商は、後続車無人隊列走行の実証実験を行っている。3台のトラックが連なり、先頭車両は人が運転し、後続する2台目、3台目は無人で、先頭車両を追従して走行するというものである。

---

16）　https://japan.zdnet.com/article/35198094/

　米国では、ウォルマートがアーカンソー州市内の流通センターと小売店舗までの自動運転トラック配送を実用化している。しかし、7.1マイル（11.4km）の固定ルートで2台の運行にとどまっている。

　完全自動運転を実現するには、実際の道路状況をデータ化しての機械学習が必要となる。また、数理最適化、シミュレーションの蓄積などを行うが、高い安全性を求められ失敗が許されない領域なので、試行錯誤段階では商用化が難しい。そして、有人運転している自動車が混在する中で完全に安全な状況を作り出すことは難しく、道路を自動運転レーン、有人運転レーンにはっきり分けない限り、迅速な商用化は難しいのではないかと考えられる。

## ラストワンマイルの解決策

　ラストワンマイルは、2017年に上梓した『デジタルマーケティングの教科書――5つの進化とフレームワーク』でも注目していたテーマだが、思った以上に進化していない。ドローン配送や、地上を走行する配送ロボットを検討していたが、2023年現在いずれも商用化には至っていない。

　ただ、商用化には至っていないのだが、実証実験は着々と進んでおり、ZMPの配送ロボット「デリロ」は、2021年に日本郵便と実証実験を行い、日本初の公道実証実験を行った[17]。デリロは、人が歩くほどのスピード（時速6kmほど）で走行し、複数のカメラやレーザーセンサーで周囲の通行人や障害物を検出する。声で存在を知らせたり、道を譲ってもらえるよう「お願い」したりすることもできる（図表3-21）。歩道の凹凸や段差も上手に乗り越え、目的地に到着すると、QRコードで蓋を開閉し、荷物を消費者に取り出してもらう。

　2020年12月からは、緊急時に対応する近接監視で公道を走行可能と

---

17)　https://robotstart.info/2021/01/22/deliro-public-road-experiment-video.html

図表3-21　ラストワンマイル配送ロボット「デリロ」

出所：ZMP (https://www.zmp.co.jp/products/lrb/deliro)

なった。2023年4月以降は遠隔操作でも配送ロボットが公道を走行可能となる。2030年までにはラストワンマイル問題が解決することを期待したい。

## 3PLの活用による配送物流のプロセス改善

　こういった配送物流のボトルネックが解消された上で、次に検討しなければならないのが、配送物流における物流業者との連携＋システム構築である。自社物流を持たない限り、多くの流通小売業は、配送物流に物流業者を活用することになる。そして、物流業者の中には、単に配送物流を請け負うだけでなく、物流業務の改善を提案し、実行してくれる場合もある。所謂、3PLである。

　3PLとは、Third（3rd）Party Logisticsの略である。荷主に対して物流改革を提案し、包括して物流業務を受託し遂行することを言う。ノウハウを持った物流業者が、荷主の立場で、ロジスティクスの企画・設計・

図表3-22　配送物流の3つのプロセス

| 受注管理 | 倉庫管理 | 物流 |
|---|---|---|
| ✓受注確認<br>✓在庫確認<br>✓受付メール送信<br>✓入金確認<br>✓出荷データ作成 | ✓出荷データ取り込み<br>✓送り状印刷<br>✓納品書印刷<br>✓ピッキング<br>✓梱包 | ✓出荷<br>✓出荷確認<br>✓追跡番号取り込み<br>✓発送完了メール送信<br>✓配送完了確認<br>✓フォローメール送信 |

運営を行う。物流オペレーションだけではなく物流システム設計、実行まで行ってくれるわけだ。

　配送物流は、受注管理、倉庫管理、物流の3つのプロセスに分けることができる（図表3-22）。

　受注管理プロセスでは、受注を確認し、在庫を確認した上で、受付メールを送信する。入金が確認されると、出荷データを作成し、在庫を引き当てる。商品によって出荷倉庫を判定し、その倉庫にオーダーを出す。

　倉庫管理プロセスでは、出荷データを取り込み、送り状、納品書を印刷し、ピッキング、梱包する。その際には、キャンペーン、ノベルティ対応、ラッピングなど、明細情報に対応することになる。

　物流プロセスでは、出荷し、その出荷データを取り込み、ステータスの確認、発送完了メールを送信し、配送完了を確認する。その後、必要に応じ、フォローメールで関係構築を目指す。

　**非常に面倒な作業ではあるが、オンラインチャネルでの競争優位性が配送スピードにシフトしてきている以上、配送物流のスピード、正確性が求められる。**日本でも多くの3PLサービスを提供する物流業者が存在するので、自社の必要な条件を見極め、物流業者との連携、システム構築を図ることになる。

第**4**章

# 新たなビジネスモデルを
# 推進できる組織と人材

　これまで第3章では、データ資本主義時代の次世代流通小売業ビジネスモデルについて検討してきた。

　最終ゴールは、消費者が「意思決定が面倒なので、自分をよくわかっている代理人に任せたい領域」について「選択肢の多さ、そしてそれからもたらされる意思決定の疲弊から、消費者を解放する」ことによって、信頼されるエージェントとなり、消費者と長期的な関係を構築することである。

　この最終ゴールを実現するために、オンラインチャネル、リアル店舗を、消費者購買行動データを取得する消費者接点とし、取得されたビッグデータを分析し、提案するプロセスを検討してきた。そして、流通小売業側から提案する以上、提案した商品、サービスの店頭在庫が必ず確保されなければならない。そのために、調達物流、配送物流をどう設計し、システム化すべきかについて検討してきた。

　もっとも、ビジネスモデルが明確になっても、それを推進する組織と人材がいなければ、そのビジネスモデルは、絵に描いた餅にすぎない。そこで、第4章では、次世代流通小売業のビジネスモデルを推進する組織と人材について検討する。

　第3章で検討してきた次世代流通小売業のビジネスモデルは、実に壮大なものである。したがって、すぐに自社の人材だけで推進することは難しいかもしれない。よって、外部のコンサルティング会社の支援を受けることが必要になるケースが多いだろう。しかし、いつまでも外部の支援を受けているわけにはいかないので、長期的には自社の人材で次世代流通小売戦略を推進していくことが必要になる。そこで、ビジネスモデル推進を、以下の2つに分け、検討を進める。

1. 短期的な観点で、外部のコンサルティング会社の支援を受け、推進するフェーズ

2. 長期的な観点で、自社の人材で自立して新たなビジネスモデルを推
　進するフェーズ

# 外部のコンサルティング会社の支援を受け、推進するフェーズ

　次世代流通小売業のビジネスモデルを推進するには、そのグランドデザインを設計し、グランドデザインを実現する業務プロセスを、ヒトが担う領域、システムが担う領域に仕分けし、設計することになる。そして、システムが担う領域の中でも、AIを活用する領域を決定し、機械学習、分析、データ検証のプロセスを設計しなければならない。そして、新たな組織構造の中で組織メンバーが業務を実行し、その結果を踏まえ、さらに新たな業務プロセスを設計することになる。

　これらの戦略設計、業務プロセスの構築、システム化、AI活用を、自社の人材だけで行えるのであれば理想的だが、それができる日本企業はほとんど存在しない。したがって、専門家のアドバイスを受けながら、推進していくことになる。次世代流通小売業のビジネスモデルは、マーケティング領域のDX（デジタル・トランスフォーメーション）であり、DXの専門家のアドバイスを受けることになる。

## 事業を拡大するコンサルティング会社とその弊害

　第3章でも検討したように、DX領域をフルカバーし、ビジネスモデルの推進支援をしてくれるのが、外資系総合経営コンサルティング会社だ。ビジネスモデルを推進する上で、非常に頼りになるパートナーになるわけだが、気をつけなければならないことがある。それは、**実際に支援してくれるコンサルタントの質のばらつきが大きく、当たり外れが大きい**ということだ。

現在、多くの日本企業がDXを必要とし、外資系総合経営コンサルティング会社に支援の依頼をしている。コンサルティング会社によっては、半年以上のバックオーダーを抱え、実際にコンサルティングを開始できるのが、9カ月後といったケースも散見される。ミシュランの予約困難な人気レストランのような状況で、依頼案件数に対して供給できるコンサルタント数が絶対的に不足しているのだ。

そういう場合、コンサルティング会社の経営陣はどのような意思決定を行うのか。急増するコンサルティング案件を受注するために、コンサルタントを大幅に増員するという意思決定を行う。既存のコンサルタントだけでは案件を処理しきれないので、新卒でも、中途でも、積極的に採用を拡大することになる。採用を拡大するとどうなるのか。**必ず、質が下がる。**

「そんなことはない！　コンサルティング会社では、新卒でも中途でも採用者をしっかりと教育訓練し、一流のコンサルタントにしてから、プロジェクトにアサインしているはずだ！」という反論があるかもしれない。もちろん、それがあるべき姿であり、理想像であることは否定しない。

多くのコンサルティング会社は、教育訓練に力を入れている。コンサルティング会社によっては、実に20000以上のトレーニングを用意している会社もある。しかし、実際にはじっくり時間をかけてコンサルタントを育成している余裕はない。バックオーダーを抱えている状況で、一刻も早く採用したコンサルタントを現場のプロジェクトに出さなければならないからだ。

だから、3カ月前まで事業会社でDX部門に在籍し「DXをどう推進したらよいのだろう？」と悩んでいた若手社員が、コンサルティング会社に採用された途端に「DX推進を担うコンサルタントです！」と言ってプ

ロジェクトに参画してくることもあるのである。したがって、**転職エージェントで大々的に積極採用を行っているコンサルティング会社に依頼をする場合は、注意しなければならない。**コンサルタントの質には、大きくばらつきがあるからだ。

　ばらつきがあるということは、流通小売業内の社員と大差ないコンサルタントがいる一方で、流通小売業では見たこともないようなスターコンサルタントもいるということである。同じコンサルティングフィーを支払うのであれば、優秀なコンサルタントにプロジェクトを依頼するほうがよい。では、どうすればコンサルタントが優秀なのかどうか、見抜くことができるのか。その評価の仕方について、今から検討していこう。

## 提案フェーズがプロジェクト成功の9割を決める

　コンサルティング会社への依頼は、最初にコンサルティング会社に問い合わせ、その後、提案を受け、プロジェクトを開始するかどうか判断することになる（図表4-1）。

### 問い合わせから初回訪問
　まず問い合わせをするコンサルティング会社を選定する。コンサルティング会社のホームページを見て選定する場合もあるし、セミナーに参加し、講演を聞いて選定する場合もある。しかし、よくある方法は、自社内の他部門や他の会社での評判を聞くことだ。既に自社内の他部門でコンサルティング会社に依頼している場合は、コンサルタントのプロジェクトの進め方や質もよくわかる。
　また、業界交流会、賀詞交歓会などで、他企業からコンサルティングプロジェクトの話を聞くこともできる。もちろんプロジェクトの詳細を聞くことはできないだろうが、そのプロジェクトに満足しているか、何

図表4-1　コンサルティング会社へのプロジェクト依頼プロセス

| 問い合わせ | 提案 | プロジェクト開始可否判断 |
|---|---|---|
| ✓HP確認<br>✓セミナー参加<br>✓コンサルティング会社の評判<br><br>✓問い合わせ<br><br>✓コンサルタント初回訪問⇒依頼内容説明<br>✓コンサルタントからの質問、データ確認 | ✓初回提案プレゼン<br>✓質疑応答<br><br>✓2次提案プレゼン<br>✓質疑応答 | ✓プロジェクト担当者開始可否判断<br>✓経営会議開始可否判断<br><br>✓契約締結<br><br>✓自社内プロジェクトメンバー選定<br>✓コンサルティング会社内プロジェクトメンバー選定<br><br>✓プロジェクトキックオフ |

か問題はあったかなど、コンサルティング会社にフォーカスした形で情報収集は可能だ。

　こうして、問い合わせをするコンサルティング会社を数社選び出す。そして、「プロジェクトを検討しているので、相談したい」と言って、問い合わせをする。

　すると、コンサルティング会社は、パートナー（役員）、マネジャー、コンサルタント1〜3名で、流通小売業者を訪問してくる。流通小売業側は、実際に次世代流通小売業のビジネスモデルを推進することになるであろうメンバーで、プロジェクトでやりたいことを説明することになる。

　**ここが最初の山場だ。なぜならば、多くの場合、流通小売業側は、幼稚なことしか説明できないから**だ。当たり前である。次世代流通小売業のビジネスモデルを明確にできるのであれば、コンサルタントの支援など受ける必要はない。何をすればよいかわからないからこそ、コンサルティング会社の支援を受けるわけだ。何をすればよいかわからないこと

を、流暢に説明できるわけがない。だから、たいていの場合、最初の依頼内容は稚拙なものになる。

　ここで、一流のコンサルタントは、どのようなプロジェクトにすべきか、流通小売業とじっくり考えてくれる。稚拙な依頼を一つひとつ解き明かしていく。

　医師も同様だ。患者は「お腹が痛いです」とか「だるいです」としか言わない。そういう表現をされても、医師は、診察しながら胃に問題があるのか、腸に問題があるのか、他の臓器に問題があるのかを明らかにしていく。そして、その問題が軽い炎症なのか、潰瘍なのか、それとも違う問題なのかを明らかにし、投薬なのか手術なのか「何をすればよいのか」を明らかにしてくれる。一流のコンサルタントも同様に、流通小売業が何をすればよいのかをじっくりと上手に考えてくれるのである。

　ところが、ダメなコンサルタントは、流通小売業側と同様に混乱する。「何かやりたいことあるんだろうけど、ゴールが見えない。でも、とりあえず提案しなければならない！」と、不安になりながら、流通小売業の依頼を、ただそのまま聞くことになる。

## 初回訪問から初回提案へ

　その後、コンサルティング会社では、依頼内容に対し提案書を作成する。流通小売業とコンサルティング会社による初回訪問は1〜2時間くらいのミーティングであることが多いが、そのミーティングだけでは、提案書を作成するのに必要な情報が十分に集まらない。よって、初回訪問後、コンサルタントから流通小売業に質問が来る。

　一流のコンサルタントは、初回訪問で、ある程度プロジェクトの方向性を流通小売業と握れているので、質問は必要十分な範囲で終わることが多い。しかし、ダメなコンサルタントは、何を提案すればよいのか確信を持てないので、いろんなことを質問してくるし、「追加でこういう情

報もいただけますでしょうか?」と、何度もしつこく質問してきて、この時点で、依頼側がうんざりすることも多い。

そして、通常、初回訪問から1週間から10日くらいで、初回提案が行われる。たいていのコンサルティング会社では、提案テンプレートが用意されており、格好良く、何かワクワクする、大成果を上げられるのではないかと思うようなプレゼンをしてくれる。カタカナや英語も多く、意味がよくわからないこともあるが、でも、何か実現できそうな雰囲気がある。しかし、初回訪問の限られた情報を基に提案がなされるので、たいていの場合、プロジェクトのスコープ(範囲)が広すぎたり、予算をオーバーしていたり、期間が長すぎたりする。なので、修正を依頼し、2次提案を依頼することのほうが多い。

プレゼンが終わると、質疑応答の時間になるが、**ダメな流通小売業は、そもそも質問すらできないことがある**。こういう企業は、「うーん、どうですかねー」と言って態度を保留し、コンサルティング会社も、2次提案に向けて何をどう修正すればよいのかわからない状況になる。

　**一流の流通小売業は、プロジェクトのスコープにも注目するが、プロジェクト計画にも注目する**。「ベストプラクティス分析とありますが、どういう領域のベストプラクティスをリサーチするのですか?　そもそも、その領域で何をベストプラクティスだと今の段階で考えるのですか?」だとか、「わが社の既存顧客データには、かなり欠損データ、不要データがあります。学習データに加工するために、どのくらいのリードタイムを設定されていますか?　使える学習データにできないリスクをどう見積もっていますか?」といった形で、プロジェクト計画にも注目して、質問する。

　この質問に対し、ダメなコンサルタントは、心の中で「まずい!　そ

んなリスク想定していなかった！」と思いながらもできる限り表情を変えずに「プロジェクトは、開始してからアジャイルに計画を修正することになります。今の段階では、とりあえず初期仮説としてこの計画を策定しています」とお茶を濁す。

　一流のコンサルタントは、「別のプロジェクトの場合ですが、既存顧客150万人の消費者購買行動データを扱った際、○○の欠損データ、△△の不要データがありました。そのケースでは□□のリードタイムを必要としましたので、今回のプロジェクト計画では、それを参考にしこのリードタイムを設定しています。ただ、プロジェクトを開始し、データを拝見した後、場合によってはリードタイムの変更が必要となる場合があります。その際には、すみやかにご相談させていただきます」と説明する。

## 提案後の社内検討

　こうして、初回提案は終了する。初回提案での修正依頼、質疑応答を反映し、2次提案が行われ、同様に質疑応答が行われる。そして、クライアントである流通小売業は、まず担当者内で、プロジェクトスコープ、プロジェクト計画、投資対効果を検討し、プロジェクト開始の可否を判断する。仮にコンサルティング会社にプロジェクトを依頼したいということになった場合、予算、人員を確保するため、経営会議に諮り経営陣の判断を仰ぐことになる。

　**経営陣が一番興味関心を持つことは、投資対効果なので、期待されるリターンを明確に説明しなければならない。**経営陣からプロジェクト推進の許可が出た場合は、コンサルティング会社に正式に依頼、契約を締結する。コンサルティング会社はプロジェクトメンバーを選定し、流通小売業もプロジェクトメンバーを選定、プロジェクトが組成される。そして、プロジェクトが開始され、キックオフミーティングを迎えることになる。

　何度も言うが、コンサルタントの質には大きくばらつきがある。同じ
コンサルティングフィーを支払うなら、優秀なコンサルタントに依頼し、
プロジェクトの成功可能性を上げなければならない。そのためには、**コ
ンサルティング会社へのプロジェクト依頼プロセスの中で、コンサルタ
ントの質を見抜かなければならない**のである。

## アドバイザーによるプロジェクト提案の目利き

　しかし現実的には、流通小売業でその目利きができるケースは、それ
ほど多くない。そこで、目利きができるアドバイザーにコンサルタント
の質や提案されたプロジェクトの内容を確認、修正提案してもらうケー
スがある。

　ここでいうアドバイザーとは、かつて外資系コンサルティング会社の
パートナー（役員）を務め、現在は独立している投資家であったり、自
分のコンサルティング会社を経営していたり、プロジェクトベースで自
由に仕事をしていたりする、外資系コンサルティング会社の内情に詳し
く、コンサルタントの質、提案されたプロジェクト内容を判断できて、
問題点を明示できるアドバイザーのことをいう。かつて自分自身が、コ
ンサルティングプロジェクトを提案し、実際にプロジェクトマネジメン
トを行い、クライアントリレーション（顧客関係構築）を行っていたの
で、コンサルティングプロジェクトの酸いも甘いも知っているわけだ。


　マンションや戸建てなど不動産の売買をする際に、ホームインスペク
ションというサービスがある。既存住宅状況調査技術者（インスペク
ター）という専門家が、第三者的な立場から、住宅の劣化状況、欠陥の
有無、改修すべき箇所やその時期などを明らかにしてくれるサービスだ。
不動産の売買をする際に、実際の当事者は不動産に関して素人であるこ
とが多い。そこで、インスペクターという第三者的専門家に入ってもら

図表4-2　アドバイザーによる提案フェーズ支援

| 提案依頼まで | 提案 | プロジェクトスタートまで |
|---|---|---|
| ✓経営陣からの依頼内容確認<br>✓経営陣への逆提案<br><br>✓コンサルティング会社への依頼説明<br>✓コンサルティング会社との質疑応答 | ✓初回提案プレゼン<br>✓質疑応答<br><br>✓2次提案プレゼン<br>✓質疑応答 | ✓プロジェクト担当者開始可否判断支援<br>✓経営会議開始可否判断支援 |

い、状況を把握し、問題点を明らかにしてもらうわけだ。

　不動産売買同様、コンサルティングプロジェクトも大きな投資案件である。そして、良い結果になるか、今ひとつな結果になるか、その成否はスタートの提案フェーズにかかっている。提案フェーズでしっかりプロジェクトの方向性を定めることで、流通小売業側のプロジェクト担当者も安心できるし、コンサルティング会社も支援をしやすくなる。流通小売業の経営陣も投資判断をしやすくなるのである。

　アドバイザーは、コンサルティングプロジェクトの提案段階で様々な支援をしてくれる（図表4-2）。
　まず、コンサルティング会社の提案を受けるまでのフェーズだ。このフェーズでは以下の3つのステップがある。

1. 経営陣からプロジェクトの依頼
2. プロジェクト検討
3. コンサルティング会社への依頼

## コンサルティング会社へ依頼するまでのアドバイザーの支援
　そもそもプロジェクトは自然発生するものではなく、経営陣からの依

頼があって発生するものである。経営会議の中でDXに取り組むことが決定された、消費者購買行動データを活用し消費者との関係強化を図ると決定されたということで、担当者にミッションが降りてくる。**担当者は「承知いたしました」と言わざるを得ないのだが、ここが成功と失敗の分かれ道の出発点となる。**経営陣の考えているDXと担当者の考えているDXが合致していればよいのだが、お互い曖昧模糊、五里霧中の中でDXプロジェクトが開始されることが実際には多い。

　実は「（なんだかよくわからないけれど）DXプロジェクトに取り組んで！」「（なんだかよくわからないけれど）承知いたしました！」というやり取りなのである。このような状況でプロジェクトを検討しても、何をすればよいのかわからないし、何をすればよいかわからないからコンサルティング会社へ依頼するのだが、稚拙な説明に終わり、コンサルティング会社も支援の方向性を決めづらいということになる。

　少し気の利いた担当者は、「具体的に何に取り組んだらよいのでしょう？　最終ゴールはどのようなイメージですか？」と、経営陣に聞くのだが、不毛な質問だ。「（なんだかよくわからないけれど）DXプロジェクトに取り組んで！」という経営陣に質問しても、明確な答えを持っていないからである。だから、そういう質問には、不機嫌そうに「うーん、そこも検討してよ」と、すべて丸投げの答えが返ってくることもある。

　**依頼者が明確なビジョンを持っていないことを質問しても、回答は得られない。そういう場合は、逆に提案をしなければならない。**

　こういう場合アドバイザーは、経営陣からの依頼に対して、逆提案を持っていく。「このくらいの予算と人員をプロジェクトに配置できれば、こんなことをこのくらいの期間でできそうです。もしこのくらいの予算と人員しか配置できないのであれば、こんな成果が最終ゴールになりそうです」と。類似DX案件を参考にしながら松竹梅でプロジェクトのイメージを逆提案、提示するわけだ。そうすると、経営陣は松竹梅の中か

ら、どれかの提案を選択すればよいということになる。そして、選択してもらったらその選択肢の最終ゴールを実現すべく、プロジェクトの検討を進めていけばよいわけだ。

## コンサルティング会社へ依頼した後のアドバイザーの支援

　プロジェクトを検討し、社内のリソースだけではプロジェクト推進が難しいとなると、コンサルティング会社に依頼することになる。初回訪問でコンサルティング会社に依頼したい内容を説明することになるのだが、先述のとおり流通小売業の担当者の説明は稚拙な説明になりがちだ。

　そこで、アドバイザーは事前に、担当者のコンサルティング会社へのプレゼンの練習を支援したり、時には初回訪問に同席しプレゼンで拙いところがあればフォローしたりする。質疑応答についても、担当者が真意を伝えきれない場合、フォローする。これによりコミュニケーションロスが減り、プロジェクトの方向性を、流通小売業もコンサルティング会社も最初から定めやすくなる。

　次に、コンサルティング会社からの提案フェーズだ。ここでは、提案内容の吟味と提案への修正依頼がキモになる。アドバイザーが提案プレゼンに同席する場合もあるし、提案終了後プレゼン内容を確認し、修正指示を出す場合もある。いずれにしても、提案内容が、流通小売業自身のやりたいこと、最終ゴールを達成する手段として適しているかを判断することになる。

　最後に、プロジェクトスタートまでである。ここでは、コンサルティング会社の最終提案内容を吟味し、目標達成手段としての適合性と投資対効果を判断する。投資はコンサルティングフィーという直近の話であり、効果は数年後の未来の話である。したがって、効果は「たぶんこういう効果を得られるだろう」という話になる。その確実性を高めるのが、

ここでの判断のキモであり、フェルミ推定とロジックで経営陣の判断に資するような検討をする。そして、経営会議で経営陣の判断を仰ぎ、決裁を得られればコンサルティングプロジェクトがスタートということになる。

　以上検討してきたように、コンサルティング会社に依頼しプロジェクトを進める上で、気をつけなければならないポイント、検討しなければならないポイントは、数多くある。DX案件、デジタルマーケティング案件のみならず、あらゆるビジネス案件で、コンサルティング会社に依頼をする際に重要なポイントなので、汎用的に活用してほしい。

## 自社の人材で新たなビジネスモデルを推進するフェーズ

　このように流通小売業が、次世代流通小売業のビジネスモデルを推進する際には、最初コンサルティング会社の支援を受けてスタートするケースが多いが、いつまでもコンサルティング会社の支援を受けているわけにはいかない。長期的には流通小売業自身で、自立しビジネスモデルの推進を行っていかなければならない。
　そのためには、流通小売業の組織内で、ビジネスモデルを推進できるデジタル人材を育成する必要がある。多くの企業がデジタル人材育成に力を注いでいるが、ここでは、流通小売業に限らず、日本企業がどうデジタル人材を育成していったらよいのかを検討していこう。

### 25年前同様に繰り返されるデジタル人材育成

　「社内にどれだけデジタル人材を育成したらよいですか？」と、日本企業の人事担当者から相談されることがある。その答えは「全員です」だ。

こう答えると人事担当者は、絶句することが多い。しかし、間違いなく「2030年までに、日本のビジネスパーソンは全員デジタル人材になる」し、そうならないわけがない。

　四半世紀前を振り返ってみよう。本書を執筆しているのが2023年。四半世紀前、すなわち25年前は、1998年だ。私は外資系コンサルティング会社のコンサルタントとして、様々な日本企業の変革プロジェクトに携わっていた。その一つが、「IT人材育成」だ。

　1998年当時の日本企業がどういう状況だったか、読者諸氏は覚えているだろうか。1998年の3年前、1995年にWindows95がリリースされた。コンピュータが特別な人のものではなく、誰もが使えるデバイスになった。ビジネスでも活躍の場を広げ、それまで部署に1台だったコンピュータが、1人1台の時代へ。さらにクライアントサーバーシステムで、それぞれのコンピュータが社内ネットワークでつながるようになった。

　**それらのコンピュータを活用し、情報を収集、発信できる人、これが当時の初級IT人材だった。また、ネットワークでつながったコンピュータにより、業務プロセスを改善し、生産性向上を図る人は、当時の上級IT人材だった。業務プロセスを改善するためのシステム構築を行う人も、当時の上級IT人材だった。経営戦略に基づいて、テクノロジーの進化を鑑み、あるべき業務プロセスを設計でき、システム構想をできる人は、最上級IT人材で、ITコンサルタントと呼ばれた。**

　コンピュータを活用し、情報を収集、発信できる人、これが当時の初級IT人材だったと述べたが、多くのビジネスパーソンにとってこれはハードルの高い進化だった。それまで、ボールペンで文書を書いていた人に、「ワード」を使えと言うのだ。電卓しか使ったことがない人に「エクセル」を使えと言うのだ。手紙やはがき、電話でコミュニケーションをとっていた人に「e-mail[1]」を使えと言うのだ。タイピングの経験もな

い当時のシニア層のビジネスパーソンは、右手と左手の人差し指で一生懸命タイピングし、手書きと比較しスピードはずいぶん遅くなったものの、初級IT人材になるべく、日々奮闘した。

インターネットで、コンピュータは世界とつながることになった。2023年と当時を比較すると、本当に微々たるものだったが、様々な情報をインターネットから収集できるようになった。しかし、HTMLなどウェブページを作成する言語がわからない限り、自ら情報を発信することは難しかった。

時は流れ、現在2023年。1998年当時50歳だった日本企業のシニア層は、75歳。ほぼ全員スマートフォンを持っている。日本のスマートフォン所有率は、2021年に9割を超え、2022年に94％[2]。ポケットやカバンの中に小さなコンピュータを持っているのである。

スマートフォンを使用しGoogleやYahoo!で検索を行うのであれば、コンピュータを活用し情報収集を行うことができている。もし、FacebookやTwitterを使って情報を発信しているなら、または、そこまでいかずともLINEで誰かと連絡をとっているなら、コンピュータを活用し情報発信を行うことができている。立派な初級IT人材だ。

2023年現在、スマートフォンを含めたコンピュータを活用せず、情報を収集したり、発信したりすることがないというビジネスパーソンは、山に籠り外部との接触を遮断しているなどといった例外的事情がない限り、まず存在しないだろう。ということは、**ビジネスパーソン全員が少なくとも、初級IT人材なのである。**この文脈で、私は断言する。間違いなく「2030年までに、日本のビジネスパーソンは全員デジタル人材になる」し、そうならないわけがない。

---

1) 現在は単にメールというが、当時は特別なものだったので「電子メール」とか「イーメール」と呼んでいた。
2) NTTドコモ モバイル社会研究所調査。全国の15歳から79歳の男女が対象。

## デジタル人材の定義

　では、デジタル人材とは、いったい何者なのか。四半世紀前、1998年当時のIT人材の定義が多種多様だったのと同様に、まだ確定された定義はなく、諸説飛び交っている状態であり、そのためデジタル人材育成担当者も混乱していることが多い。ここでは、いくつかある定義の「型」を紹介していこう。

　まず、**スーパーマン型**。最新のデジタル技術を駆使して企業や従業員の成長を導く存在である。データ利活用のスキルを持つデータサイエンティストであり、IoTやAI、5Gなど最先端のデジタル技術を駆使し、企業のDXを推進するリーダー的存在である。

　この定義を見たときの私の感想は、以下のとおりだ。

　「そんなスーパースター、どこにおんねん？　見たことないぞーーー！」

　企業の成長戦略をリードできる戦略コンサルタントであり、データサイエンティストであり、先端技術に深い知見を持ち、プロジェクトマネジメント能力も高い。大リーグの大谷翔平選手と将棋の藤井聡太名人とTwitterオーナーのイーロン・マスクが一人の人間になった感じ。本当に存在すれば、スーパースターだ。

　次に、**役割分担型**。DX案件は、3つのタスクに分解できるとする。

1. DXプロジェクトのマネジメント
2. デジタルサービス、プロダクトの設計、DXによる業務変革など、ビジネスサービス担当
3. デジタルサービス、プロダクト実現、実装のためのエンジニアリングなど、データサイエンス、エンジニアリング領域

　割と現実的なデジタル人材のスキル設計で、プロジェクト管理、ビジネスサイド、テクノロジーサイドで、それぞれ別の人が役割分担しましょうという考え方だ。三菱総合研究所が提唱する考え方だが、さらにこれらDX案件を統括するリーダーである、プロデューサーの役割もあると定義している。

　この定義は実務でも十分に活用できる考え方である。ただ、私の提唱する「2030年までに、日本のビジネスパーソンは全員デジタル人材になる」という視点で考えると、あくまでも「DXサービス、プロダクト」を作り上げるビジネスパーソンを前提としており、「DXサービス、プロダクト」を利活用してビジネスを推進するビジネスパーソンが抜け落ちている。

　IT人材とは、ERPなど情報システムを作り上げるビジネスパーソンだけを指すのではない。ERPなど情報システムを活用して生産性を向上させたり、顧客満足度を向上させたりするビジネスパーソンのことも指している。同様に、**デジタル人材も、「DXサービス、プロダクト」を創出するビジネスパーソンだけでなく、「DXサービス、プロダクト」を利活用してビジネスを推進するビジネスパーソンも含まれなければならない**のである。

　また、「DXサービス、プロダクト」を創出するビジネスパーソンの中でも、実際のプロジェクト担当者だけがデジタル人材ではない。三菱総研の定義は実務的だが、このDXプロジェクトを推進するには、経営陣の決裁も必要だし、実務をまわすには現場での若手のサポートも必要である。経営陣がデジタル人材でなければ、どうやってプロジェクトの決裁をするのか。

　このように、「日本のビジネスパーソンは全員デジタル人材」という視点で考えると、デジタル人材の対象範囲は、以下のようになる（図表4-3）。

図表4-3　デジタル人材の対象範囲

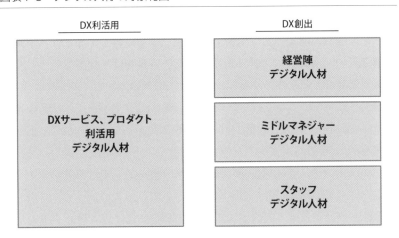

1. 「DXサービス、プロダクト」を利活用するビジネスパーソン
2. 「DXサービス、プロダクト」を創出する経営陣
3. 「DXサービス、プロダクト」を創出するミドルマネジャー
4. 「DXサービス、プロダクト」を創出するスタッフ

　「DXサービス、プロダクト」を軸として、それを利活用する側、創出する側に分けた。そして、デジタル人材育成を担当する人事担当者が馴染み深い社内階層構造、すなわち、経営陣、ミドルマネジャー、スタッフに分解した。今から、この視点でそれぞれのデジタル人材育成を検討していこう。

## DXサービス、プロダクトを利活用するビジネスパーソン

　「DXサービス、プロダクト」を利活用するビジネスパーソンについて、最初に検討しよう。ここでいう「DXサービス、プロダクト」とは何なのか。次世代流通小売戦略では、消費者の購買前行動データ、購買決済行

動データ、購買後行動データを取得し、そこから消費者理解を行い、消費者に、より満足度の高い行動を促す提案を行うことだと定義していた。**これを普遍的に考えると「消費者行動データを取得し、そこから消費者理解を行い、消費者に、より満足度の高い行動を促す提案を行う」サービスや製品**だということになる。要件は、以下の3つだ。

1. ユーザーがデータを提供
2. サービスや製品がデータを分析、理解
3. サービスや製品が提案、消費者が提案に沿った行動で満足

　私は、既にデジタル人材である。私は年齢50歳を過ぎ老化も進んでいるため、若いときのように無理や無茶をすることはできない。しっかりと健康管理をしなければならない年齢に差し掛かっている。そこで、食事管理アプリ「あすけん」を利活用し、日々の健康管理を行っている。
　「あすけん」は、会員数800万人を超える食事管理アプリである。食事画像やバーコードを読み取るだけでカロリーや栄養素が表示され、個々の消費者に合った目標摂取エネルギーや各種栄養素に対する過不足が一目でわかる。「AI栄養士」からの食事内容や食生活へのアドバイスを毎日見ることができ、次の食事で何を食べればよいのかがわかるため、食事の選択力が身につき食生活の改善に役立つ（図表4-4）。
　私は毎日、朝食、昼食、夕食の画像をiPhoneで撮り、それを「あすけん」にアップする。そうすると「AI栄養士」キャラクターの未来さんから、「今日はちょっと食べすぎです」とか「飲みすぎです」とか「脂質摂取が多すぎます」とか、いろいろアドバイスを得ることができ、自身の食事行動改革につなげられるわけだ。記録をすると、飽和脂肪酸や塩分など簡単に摂取量が増えてしまうことがよくわかる。また、料理画像の画像認識力が想像を超えて高く、ほぼ間違いなく料理を当ててくれる。焼魚の横にある大根おろしなどもぴったり当ててきて、なかなかの認識

図表4-4　食事管理アプリ「あすけん」のサービス

出所：あすけん（https://www.asken.jp/lp/taberudiet/）

能力だ。

　ユーザーがデータを提供し、サービスや製品がデータを分析、理解する。そして、サービスや製品が提案、消費者が提案に沿った行動で満足するモデルこそ「DXサービス、プロダクト」なのである。

　「あすけん」は、私の日々の食事データを私の妻以上に理解している。自宅での食事だけではなく、外食のデータも詳細に把握しているからだ。こうして詳細な消費者行動データを私は提供しているわけだが、「あすけん」からの提案に満足しているので、継続してデータを提供するわけである。

　このように、ビジネスパーソンがデータを提供することで、AIが個々のビジネスパーソンに合った提案をしてくれ、それに沿った行動で満足度を高められる場合、「DXサービス、プロダクト」を利活用するビジネ

スパーソンとなるのである。古くはSiri、最近ではChatGPTなども業務の生産性向上の可能性を秘めている。

　社内イントラネットのデータにアクセスできるのであれば、「4-6月期の事業業績報告書を作って！」とオーダーすれば、さっと報告書のたたき台を作成してくれ、レビューさえすれば報告書が完成するようになるだろう。今まで一日かけていた報告書作成が10分程度で終わるようになるかもしれない。これから様々なビジネス用途の「DXサービス、プロダクト」が誕生するだろうが、決して利活用のハードルが高いものではなく、ほとんどのビジネスパーソンは「DXサービス、プロダクト」を利活用するビジネスパーソンになるはずだ。

## DXサービス、プロダクトを創出する「デジタル経営陣」

　これまで「DXサービス、プロダクト」を利活用するビジネスパーソンについて検討してきたが、ここからは「DXサービス、プロダクト」を創出するビジネスパーソンについて検討していく。社内階層構造の中で、まず「経営陣」から検討していこう。ここでいう経営陣は、社長、副社長はもちろんのこと、取締役、執行役員など、「投資の意思決定」をするビジネスパーソンを想定している。

### 経営陣の重要なタスクの一つは「投資の意思決定」

　経営陣のタスクはいろいろあるが、その中でも重要なタスクの一つが「ミドルマネジャー以下が提案してきた案件に対する投資の意思決定」だ。「新商品を開発したい」「関西にも営業所を出し、市場開拓をしたい」など、様々な提案案件に対し投資対効果を勘案し、投資の可否の意思決定をするわけである。

　経営陣は、ビジネスキャリアを積み上げてきており、その経験を活かしながら投資の可否の意思決定を行う。もちろん経験のない領域に対し

ても投資の可否の意思決定を行わなければならず、その判断センスが大きく問われることもある。

　2023年の現在、多くの日本企業が「DX！　DX！」と掛け声だけは威勢がよい。そして、DX案件に積極的に投資を行っている。この状況を見て、今から四半世紀前の日本を思い出す。Windows95がマーケットに出て数年後、1990年代後半から2000年代初頭、日本は「IT革命」「ITバブル」に沸いていた。日本でもAmazonがサービスを開始し、楽天が登場しEC市場が拡大する兆しを見せた。オンライン広告の勃興期、マーケットプレイスが誕生し「商社不要論」が声高に叫ばれた。

## IT投資の意思決定で失敗した25年前の経営陣

　「IT革命は産業革命を超える！」などと、ビジネス誌はビジネスパーソンを煽った。ITスタートアップが集う渋谷はビットバレーと呼ばれ、当時のスタートアップ経営者が大規模なパーティーを開催し、その可能性、将来性に熱狂していた。これらスタートアップ経営者は、当時ビジネスパーソンの常識であったネクタイ、スーツ姿ではなく、Tシャツ、短パンでミーティングに現れ、それもまた話題になった。

　**このようなIT革命の熱狂の中、当時の日本の大企業は、我先にとIT案件に投資した。バブル崩壊後10年、既存事業が伸び悩む中、久しぶりに成長可能性がある新規事業を見つけ出したからである。**しかし、その数年後、ITバブルの崩壊とともに、多くの日本企業がIT案件からの縮小、撤退を余儀なくされることになった。

　なぜ、このような事態になってしまったのだろうか。当時の経営陣は「投資の意思決定」能力がなかったのだろうか。投資の意思決定は、大きく2つの要素でなされる。

1. ファンダメンタルズ
2. 将来への期待値

　ファンダメンタルズとは、企業の売上や利益といった業績データや保有資産、負債といった財務データなどのことである。投資の可否について意思決定するために、自己資本比率やキャッシュフローなどのデータから、その企業の現状を分析する。現状を分析するということは、その企業の過去のデータが使われる。

　多くのITスタートアップは、創業時から華々しい業績を上げているケースは少ない。米国Amazonですら、1994年の創業後、黒字転換したのが2003年。黒字転換まで9年を要しているのである。したがって、過去のデータを見ている限り、投資をするという判断はできないことになる。

　また、企業価値だけではなく、ITシステム投資などについても、正味現在価値（NPV：Net Present Value）、内部収益率（Internal Rate of Return）といった指標を見て、投資の可否を意思決定する。合理的な意思決定のように見えるが、決してそんなことはなく、NPVにおける未来のキャッシュフローは、スタートアップの場合、ほぼ正確には予測できない。このようにファンダメンタルズで、ITスタートアップやITシステム投資などを分析すると、たいていの場合、投資のゴーサインは出ないのである。

　とはいえ、ITバブルの中、大きく成長するスタートアップがあるかもしれない。他の企業がIT案件に積極的に投資をする中、自社だけが投資をしないわけにはいかない。**そういった同調圧力の中、当時の日本の大企業は、ファンダメンタルズよりも将来への期待値を拠りどころにして、投資の可否を判断せざるを得なかった**のである。

　大企業の経営陣からしてみれば自分の子どもと同じ世代の20代半ばの若造が、大企業の会議室で、ラフな格好で夢を語る。そのプレゼンを聞きながら「インターネットテクノロジーってよくわからないけど、日本

経済新聞にもIT革命とか出ていたし。競合企業もIT案件に投資している
ので、わが社だけが乗り遅れるわけにはいかない」と、思わず夢に乗っ
てしまう。

　ファンダメンタルズで過去のデータからだけでは、投資の可否を判断
できないので、不確定要素が多い。未来、夢に乗って投資判断をせざる
を得なかったわけだ。

　しかし、その数年後、ITスタートアップの多くは、語ってきた夢のよ
うな売上を上げることができず、赤字経営の継続を余儀なくされた。
1999年に開設されたスタートアップ向け株式市場である東証マザーズに
上場していたスタートアップもあったが、業績が良くなければ株価は割
高だとみなされる。スタートアップの夢に期待していた、酔っていた投
資家は、夢から覚め、株価は下落し、ITバブルは崩壊したのである。

### 投資意思決定ができるデジタル経営陣の要件

　2023年の今、25年前のIT案件をDX案件に読み替えてほしい。歴史は
繰り返す。「インターネットテクノロジー⇒DXってよくわからないけど、
日本経済新聞にもIT革命⇒DX革命とか出ていたし。競合企業もIT案件
⇒DX案件に投資しているので、わが社だけが乗り遅れるわけにはいか
ない」と、思わず夢に乗ってしまう。

　デジタル案件の有名銘柄の一つに「メタバース」がある。経営陣の中
には、メタバースが何なのかよくわからないまま、競合企業が投資をし
ているからという理由で、投資の判断をしている場合も少なくない。

　しかし、NTTデータグループのコンサルティング会社であるクニエの
調査によれば、メタバースビジネスの事業化検討に関わったことがある
ビジネスパーソンに実施した調査で、「91.9％が事業化にたどり着けてい
ない」という結果が出たという[3]。

---

3)　https://www.itmedia.co.jp/news/articles/2302/07/news108.html

これを以てメタバースに可能性がないと言うつもりはないし、そんなことはないだろう。ただし、IT案件にせよ、デジタル案件にせよ、市場導入期の段階で成功モデルを見極めるのは、非常に難しい。だから、**単純に夢や期待値といったフワフワしたもので、投資の可否を判断してはいけないということだ。ましてや、競合企業が投資しているからといった同調圧力での意思決定は、論外である。**

では、経営陣が「デジタル経営陣」になるには、どうすればよいのか。それは、デジタルスタートアップのプレゼンや社内で上申されるデジタル案件の内容を吟味できるくらいのデジタルリテラシー、プロトコル[4]を、経営陣が獲得することである。

データサイエンティストがデータ分析に活用する統計の知識を獲得しろと言っているわけではない。これからデジタル案件の投資判断が増えることはあっても、減ることはない。「気合を入れて自らデジタルの勉強をしましょう」ということだ。少なくとも、社内で上申されるデジタル案件の内容くらいは理解できないと、いつまでも投資判断はできるようにならない。

日本企業は、ジョブローテーションがあることが多い。最初、営業部門に配属され、その後、ファイナンス部門へ異動し、さらに経営企画部門へ異動するといった感じだ。経営陣の皆さんは、これまでのビジネスキャリアの中でも、異動するたびに新しくその部門の業務を学んだはずだ。

それと同様に、デジタル部門に異動したくらいの気持ちで、デジタル

---

4) コンピュータでデータをやり取りするために定められた手順や規約、信号の電気的規則、通信における送受信の手順などを定めた規格。異なるメーカーのソフトウェアやハードウェア同士でも、共通のプロトコルに従うことによって、正しい通信が可能になる。その意味を拡大し、コミュニケーションの相手が言っていることを理解できるくらいの知識を身につけることを意味する。

を学べばよいのである。毎日1時間でもよいので、デジタル業界に触れる。そして、デジタル業界の未来がどうなるか構想する。これだけでも、十分勉強になり、1年もすれば、デジタルに対する知見は相当増えるはずだ。

　デジタル経営陣の役割は、デジタル案件に対する投資の可否を判断できるようになることである。現場の細かい知識は必要ない。投資判断に必要な最低限のリテラシー、プロトコルを獲得すれば、それで十分である。

## 「デジタルミドルマネジャー」が担う3つのタスク

　これまで経営陣の「デジタル経営陣」化を検討してきたが、次にミドルマネジャーの「デジタルミドルマネジャー」化を検討する。ここでいうミドルマネジャーは、部長、課長クラスの「ビジネスの最前線の現場の指揮官」を想定している。ミドルマネジャーのタスクは、多岐にわたる。そのタスクを、以下の3つに分ける（図表4-5）。

1. 対「デジタル経営陣」のタスク
2. 「デジタルミドルマネジャー」自身のタスク
3. 対「デジタルスタッフ」のタスク

### 対「デジタル経営陣」のタスク

　まず、対「デジタル経営陣」のタスクだが、先に「デジタル経営陣」でも検討したように、経営陣へデジタル案件の投資を依頼し、投資判断を得て、ヒトと予算を獲得することが重要なタスクになる。投資判断とは、究極のところ投資対効果で判断される。したがって、投資を上回る効果を説明できればよいわけだ。新規デジタル事業の投資案件であれば、投資額に対し将来のフリーキャッシュフローを予測し、その現在価

図表4-5　デジタルミドルマネジャーのタスク

| 対<br>デジタル経営陣 | ✓経営陣へのデジタル案件投資依頼⇒ヒト、予算の獲得<br>✓経営陣へのデジタル投資案件進捗報告<br><br>✓経営陣へのDX構想提言 |
| --- | --- |
| デジタル<br>ミドルマネジャー<br>自身 | ✓デジタル案件プロジェクト構想策定<br>✓デジタル案件プロジェクト計画策定<br>✓デジタル案件プロジェクト進捗管理、アジャイル型修正<br>✓デジタル案件　ベンダー選定意思決定 |
| 対<br>デジタルスタッフ | ✓デジタル案件　ビジネスサイド要件定義、タスク実行管理<br>✓デジタル案件　テクノロジーサイド要件定義、タスク実行管理<br><br>✓デジタル案件　ベンダーリサーチ、ベンダー提案 |

値が投資を上回るという説明ができればよい。

「できればよい」と書いたが、実はそんなに簡単な話ではない。やりたいデジタル案件の投資額は比較的簡単に算出できる。やりたいことは具体的にイメージできていて、そのためにどれだけ投資が必要か算出しやすいからだ。しかし、将来のフリーキャッシュフローの予測は、そんな簡単なものではない。「将来期待される市場規模がこのくらいで、○○％のシェアを獲得する見込みで、その結果売上がこのくらいで」など、ずさん極まりない簡単なロジックでフリーキャッシュフローを予測する企業も少なくない。

将来の市場規模をどういうロジックで算出しているのか、その市場規模の中で、競合企業としてはどういう企業が想定され、なぜ顧客は競合企業ではなく自社を選択するのか。最低限このくらいの変数を想定して将来のフリーキャッシュフローを算出しなければ、とてもではないが説得力のある説明にはならない。

　こうして、**デジタル経営陣がデジタル案件に対し投資の可否について**

**意思決定しやすい状況にすること**、これがデジタルミドルマネジャーの対「デジタル経営陣」のタスクで、まず行わなければならないことなのである。

　デジタル案件プロジェクトの投資判断がなされたら、プロジェクト計画を策定し、実行していくことになる。しかし、日本企業にとってデジタル案件は初めての取り組みであることが多い。したがって、実際にプロジェクトを実行すると、予期せぬ状況が次々と露呈し、それらへの対処が求められる。

　当初の計画どおりにプロジェクトが進むことは、まずありえない。また、当初は達成できると思っていたことが、現在の保有テクノロジーでは達成できない、または想定以上に時間がかかるということも、あちらこちらで起こる。

　ここで**プロジェクトリーダーであるデジタルミドルマネジャーに求められるスキルは、目標達成を優先するのか、納期期間を優先するのか、予算の範囲内に収めることを優先するのか、意思決定するスキルである。そして、その意思決定をプロジェクトに対する投資家である「デジタル経営陣」に適宜進捗報告し、期待値のコントロールをするスキルである。**

　仮に目標達成を優先するのであれば、納期までの追加の期間、予算、人員を経営陣から獲得しなければならない。仮に納期期間を優先するのであれば、その中でできる最善案を経営陣に説明し、納得してもらわなければならない。

　私は、外資系コンサルティング会社でマネジャーだった頃、「必ず納期を守るマネジャー」として有名だった。私が担当したコンサルティングプロジェクトは70を超えるが、納期を1秒でも遅れたプロジェクトは一つもない[5]。しかし、納期を厳守するということは、時間があれば

もっと品質を上げられたプロジェクトでも、それをあきらめたということである。だから、私は「必ず納期を守るマネジャー」ではあったが、「120点を取るマネジャー」ではなかった。むしろ「100点を取ることすらなく、85点くらいだが納期を守るマネジャー」だった。

これはどちらが良い、悪いの問題ではない。納期を過ぎて予算オーバーでも120点取るマネジャーを高く評価する経営陣は、もちろんいる。一方で、85点でも確実に納期を守ることを評価する経営陣もいるわけだ。納期遵守が確実なら、外資系コンサルティング会社のパートナーはスタッフを次のプロジェクトに確実にアサインできスタッフの管理をしやすい。クライアントもコンサルティング完了を前提に次の案件計画を立てられる。どちらが良い、悪いの問題ではなく、これがマネジャーの個性であり、矜持なのである。

デジタルミドルマネジャーが、対「デジタル経営陣」とのタスクで、行わなければならないこと、それは、**プロジェクト開始後の進捗管理では、状況変化に応じてどう対処するのか、マネジャーとしての矜持を持って、デジタル経営陣に報告し、デジタル経営陣に不安を生じさせず、安心してもらうこと**なのである。

対「デジタル経営陣」のタスクで、デジタル案件プロジェクトの計画策定、進捗管理と同じくらい重要なタスクがある。それは**長期的に、自社がどのようにDXを推進するのかを構想し、提言する**ことだ。

「え! それは経営陣のタスクじゃない?」

と、思われるかもしれない。確かにそうとも言えなくはないが、**正直言って、経営陣にDX推進案を構想し策定せよというのは無理がある**。仮に経営陣にそういうタスクがある場合、まず自分では無理なので、以

---

5) 大学教授になってからも同様で、信州大学、青山学院大学、名古屋商科大学で、延長授業をしたことは、一度もない。

下のどちらかになる。

1. デジタルミドルマネジャーに振る
2. 外資系コンサルティング会社に振る

　外資系コンサルティング会社に振る場合のケースは既に検討した。ここでは自社の人材で自立してデジタル案件を推進するケースを検討しているので、デジタルミドルマネジャーが、自社がどのようにDXを推進するのか構想案を策定し、提言する必要があるのである。そして、その提言で進めるのか、進めないのかを判断するのが、デジタル経営陣のタスクになるわけだ。繰り返す。

1. DX推進の構想案を策定、提言するのは、デジタルミドルマネジャーのタスク
2. 提言されたDX推進の構想案を進めるのか、進めないのか判断するのが、デジタル経営陣のタスク

　ここまでが、デジタルミドルマネジャーの対「デジタル経営陣」のタスクである。ここからは、デジタルミドルマネジャー自身のタスクについて検討しよう。

## 「デジタルミドルマネジャー」 自身のタスク

　デジタルミドルマネジャー自身のタスクでメインとなるのは、デジタル案件のプロジェクトマネジャーとしてのタスクである。プロジェクトマネジャーの役割は、プロジェクト計画を策定し、プロジェクトを開始した後はその進捗管理を行い、リスクマネジメントしながら、プロジェクトを遂行することだ。そして、プロジェクトの目標を達成し、プロジェクトを完了することがタスクとなる。このように書くと、簡単そう

に思えるかもしれないが、実際は相当難易度が高いタスクだ。その中でも特に難しいフェーズである、プロジェクト計画の策定と、プロジェクト進捗管理について、今から詳細に検討していこう。

## 曖昧な依頼をプロジェクト計画に「自分で」翻訳する

　ダメなプロジェクトマネジャーは、経営陣からミッションを仰せつかると、すぐにプロジェクト計画を策定しようとする。優秀なプロジェクトマネジャーは、経営陣から依頼を受けると、まずその目標＝ゴールを確認する。なぜならば、**プロジェクトとは、「現状」と「あるべき姿」を精緻に定義し、そのギャップを埋める作業**だからだ。

　ところが、これまでも検討してきたように「あるべき姿」を明確に決定できる経営陣は、ほぼ存在しない。デジタル案件の場合、経営陣からこういう依頼が来る。

　「デジタルへの転換による競争優位性を確立したい。重要なのは、自社のビジネスモデルそのものを転換することだ。よろしく」

　非常に曖昧な依頼だが、そこで「どのような競争優位性をお考えでしょうか」とか「転換すべきビジネスモデルのイメージはありますか」と問うと、「それを含めて考えるのが君の仕事だろう！　よろしく頼むよ！」と、丸投げされる。

　「どういう経緯で、このプロジェクトは始まることになったのでしょうか」と問うと、「いやー、社長がビジネス誌の主催するDXセミナーで、コンサルタントが言っていたことを真に受けちゃったみたいなんだよ。私もどうかとは思うんだけど。君にしか依頼できないんだ」と、少し困った様子だ。

　「コンサルタントの適当なフワフワした話を真に受けられても……」と心の中では思うものの、そう言うわけにもいかない。表情を変えずに

「承知いたしました」と言うしかないわけだ。先にも述べたとおり、**正直言って、経営陣にDX推進案を構想し策定せよというのは無理がある。どのようにDXを推進するのか構想案を策定するのは、「デジタルミドルマネジャー」のタスクなのだ。**

　そこで、しばらく考えたのちに、「競争優位性は、消費者購買行動データを分析し、そこから個々の消費者、これは10万人であろうと、100万人であろうと、それぞれに消費行動の提案を行い、良い体験をしてもらう。そして、個々の消費者との信頼関係を構築することだと思います。そのためには、わが社は、これまで購買決済データしか取得できていませんでしたが、購買前消費者行動データ、購買後消費者行動データを取得できるようなビジネスモデルに転換していくべきだと考えております」と、経営陣に提言する。

　そうすると、たいていの経営陣は、「お、おう！」「（何言っているのかよくわからないけど）とりあえず、その方向でよろしく！」と言ってくる。全く判断力のないダメ経営陣の場合は、何を言っているのかよくわからないので「ちょっと、時期尚早かな。また時期が来たら依頼するよ。いろいろ考えてくれて、ありがとう」と言って、依頼が中止されることもある。

　**つまりデジタル案件では、やることを経営陣が決めるのではなく、ミドルマネジャーが決めるのである。自分自身の責任で、自分が会社を背負って会社の未来の進むべき道を決めるのだ。**

　こうして、プロジェクトの目標＝ゴールを明確にし、現状把握をした上で、そのギャップを埋めるためのプロジェクト計画策定を、ようやく始めることになる（図表4-6）。「ようやく」と言ったが、**プロジェクト計画を策定する以前のこのプロセスを大事にしないプロジェクトマネジャーは、その時点でプロジェクトマネジャー失格である。**何をすべきか曖昧なまま、プロジェクト計画を策定しているからだ。

図表4-6　しっかり準備した後、ようやく始まるプロジェクト計画策定

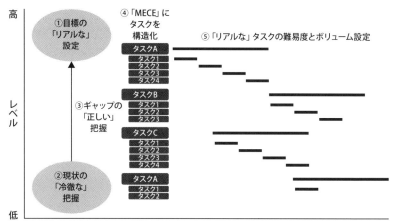

## アジャイル型のマネジメントでリスクをコントロールする

　プロジェクト計画の策定が終わったら、実際にプロジェクトが開始され、「デジタルミドルマネジャー」は、プロジェクトマネジャーとしてプロジェクトの進捗管理を行っていく。しかし、これがまた難易度が高い。

　過去に経験があるプロジェクトであれば、その経験を活かしてプロジェクト計画を策定し、着々と実行していけばよい。これを**ウォーターフォール型のプロジェクトマネジメント**という。経験値の蓄積がモノを言い、どういうところで失敗しやすいか、タスクが滞りやすいかというのが、プロジェクトマネジャーにはわかっている。なので、リスクマネジメントしやすいわけだ。

　しかし、デジタル案件プロジェクトは、初めての取り組みであることが多く、その結果予期せぬ状況が次々と露呈する。だから、計画通りにはプロジェクトは進まない。正直、現場はてんやわんやだ。では、プロジェクトマネジャーは、そのような状況をどう進捗管理し、リスクコントロールしたらよいのか。それは、**アジャイル型のプロジェクトマネジ**

メントを行うことである。

　アジャイルとは、もともと製品開発の世界で使われていた用語で、「『すばやい』『俊敏な』という意味で、反復（イテレーション）と呼ばれる短い開発期間単位を採用することで、リスクを最小化しようとする開発手法の一つ[6]」である。

　初めての取り組みの場合、わからないことが多い。だから、綿密、緻密な計画を策定しようとしても、不確定な要素が多く、タスクをMECEに網羅できない。また、タスクのスケジュールを引いても、予想以上に時間がかかったり、逆にあっという間に終わったりする。

　ゆえに、ウォーターフォールのように綿密、緻密な計画を最初に立てるのではなく、ある程度計画を立てたら、とりあえずやってみて、できるかできないかを判断しながらプロジェクトを進めていく。これがアジャイル型プロジェクトマネジメントなのである。

　アジャイル型のプロジェクトマネジメントを進める際に気をつけなければならないことが2つある。

1. アジャイルと無計画は全く違うということ
2. てんやわんやでプロジェクトの目標＝ゴールを見失いがちなので、プロジェクトマネジャーだけはブレずに目標を見据えること

　アジャイルと無計画は、全く違う。プロジェクトとは、「現状」から「あるべき姿」へと変わっていくこと、言い換えれば、「現在地」から「ゴール」へ到着することである。

6)　https://www.nec-solutioninnovators.co.jp/column/01_agile.html

　例えば、大地震が起きた後、東京駅から横浜駅まで移動しなければならなくなったとする。これは、移動という目標を達成するプロジェクトだ。今のところ公共交通機関は動いていない。無計画とは、スマホのバッテリーも確認せず、財布の中身も確認せず、いきなり飛び出して徒歩で横浜駅へ向かうことをいう。

　南下して歩き始めたのは良いが、有楽町のあたりで路上は大混雑。牛の歩みで、さらに南下する。東京駅から横浜駅までは、28km。歩道が空いていたとしても6時間はかかる。なんとか多摩川大橋に近づいてきたとき、周囲の人たちが「橋が一部崩れ、通行止めで川を渡れないらしい」と話しているのを聞いた。慌ててスマホで確認しようとすると、バッテリーが切れていた。喉が渇いたので、近くのコンビニに入る。ラッキーなことにミネラルウォーターが残っていた。レジで財布を開いてみると、現金が足りない。QRコード決済をしようとすると、システムエラー。大地震の影響か、システムもダメージを受けているようだ。結局、喉の渇きを癒すことはできなかった。

　大変な状況だが、これが無計画なプロジェクトマネジメントなのである。

　アジャイルの場合は、いきなり外に飛び出さない。最低限の現状把握をする。財布の中にどれだけ現金があるか確認する。プライベートのスマホはバッテリーが減っていたが、会社貸与のスマホはラッキーなことにフル充電。2台持ちで行こう。そして、銀座や有楽町、日比谷公園、または築地などどのルートが移動しやすいかを確認する。何しろ、徒歩で東京から横浜まで移動するのは、初めての体験。最低限のリサーチをした上で、でも悩んでいても仕方がないので、出発する。

　日比谷公園に人が集まっているようで、有楽町も混雑しているという情報を得た。そこで、銀座ルートを選択する。しかし、有楽町から人の波が押し寄せてきているようで、銀座も混雑している。京橋あたりで、

プランB。築地を抜け、湾岸道路を目指す。幸いなことに、それほど混んでいない。浜松町近くまで歩いたところで、JR京浜東北線が運転を再開したという情報が。湾岸道路から徒歩10分ほどで、JR浜松町駅だ。急遽プランCの電車移動。混雑はしていたもののなんとか乗車。無事に横浜駅に到着した。

　このように、目まぐるしく起こる環境変化に対応し、柔軟に計画を選択し直し、最適解を愚直に探し、実行する。これが、アジャイル型プロジェクトマネジメントなのである。

　アジャイル型プロジェクトマネジメントは、このように試行錯誤、実験を繰り返しながら最適解を見出していく。人間はどうしても目の前のことに対処し、場当たり的な行動をしがちだ。しかし、プロジェクトメンバーは全力で目の前の問題に対処し、最適解を出そうと必死なのである。近視眼的になるのも無理はない。また、トライアルアンドエラー、実験を前提としているので、プロジェクトタスクの内容、進め方に自由度が高い。

　ウォーターフォール型のプロジェクトマネジメントは、スタートからゴールまで2本の長い鋼鉄の間をひたすら進むようなイメージで左右へブレる自由度がないのだが、アジャイル型のプロジェクトマネジメントは、スタートからゴールまで2本のゴムの間を進むようなイメージで、左右斜めに進んでもゴムが伸びるので進むことができてしまう。それを元のルートに引き戻し、ゴールを目指させるのが、プロジェクトマネジャーの役割である。だから、てんやわんやでプロジェクトの目標＝ゴールを見失いがちなので、プロジェクトマネジャーだけはブレずに目標を見据えることが必要になる。

　こうして、**難易度の高いデジタル案件プロジェクトの計画を策定し、進捗管理、リスクマネジメントを行い、目標を達成することが、「デジタ**

ルミドルマネジャー」自身の重要なタスクなのである。

　デジタルミドルマネジャーは、デジタル案件のプロジェクトマネジャーである。プロジェクトには、プロジェクトメンバーがいる。ミドルマネジャーの部下たちだ。部下たちにタスクを振り、その進捗管理をしなければならない。そこで、対「デジタルスタッフ」とのタスクを今から検討していこう。デジタルミドルマネジャー自身のタスクである、ベンダー選定意思決定についても、そこで併せて検討していく。

## 「デジタルスタッフ」の役割はタスクの解像度を上げること

　デジタルミドルマネジャーに対し、デジタルスタッフは、どう貢献できるのだろうか。

　デジタルスタッフの仕事もまた、任されたことを「はい！　わかりました！　頑張ります！」と言うことではない。そうではなく、任されたタスクに対し、自分なりにリスクマネジメントを行い、成果を出すことだ。では、そのためにデジタルスタッフはどうすればよいのか。以下の2つを実行することだ。

1. 任されたタスク領域の要件定義をデジタルスタッフ自身でも行う
2. 目標達成の段取りを考え、デジタルスタッフ自身でスケジュールを引く

### 任されたタスク領域の要件定義をデジタルスタッフ自身でも行う

　デジタル案件のプロジェクトでは、データを収集し、分析し、提案するという一連の流れの中で、新たな消費者接点を構築していく。言い換えれば業務プロセスを変更するビジネスサイドと、データを収集し、分析できるようにするテクノロジーサイドがある。そのどちらでも同様な

のだが、ミドルマネジャー＝プロジェクトマネジャーが考えたタスクに対し、デジタルスタッフが要件定義を行えるようにならなければならない。

　例えば、「リアル店舗での消費者購買前行動データを取得できるような店舗レイアウト策定」というタスクが振られた場合は、以下のどのようなデータを取得したいのかを提案する。

1. 消費者ID取得のための入店管理
2. 消費者の店舗内動線行動分析
3. 消費者のアイテム比較行動分析
4. 消費者のアイテム比較行動と購買決済データの紐づけ

　そしてデータを取得するために必要な、以下のような要件をデジタルスタッフからデジタルミドルマネジャーに提案する。

1. アプリQRコード付与と顔認証システム
2. 店内カメラ設置と顔認証システム、表情認識システム
3. 棚へのセンサー設置

　言い換えると、**タスクの粒度、解像度を上げること、これがデジタルスタッフの役割なのである。**

### 目標達成の段取りを考え、デジタルスタッフ自身でスケジュールを引く

　そして、このタスクを実行するには、「あるべき姿」→「現状把握」→「解決策策定」という段取りが必要になる。

　最初に、「あるべき姿」を明らかにする。既にリアル店舗での消費者購買前行動データを取得できているAmazon Goに視察に行ったり、中国のフーマーフレッシュへ視察に行ったりしてみる。また、流通小売業のDX

セミナーなどに参加し、各社のDXへの取り組みがどう進んでいるのかを把握する。そして、今のテクノロジーで何ができて、何ができないか、近未来には何ができるようになるのかを予測し、「あるべき姿」を明らかにする。

　翻って、自社のリアルチャネルの現状を見ると、足りないところ、改善すべきところがいろいろ見えてくる。そこで、何をどういう順番で改善していくのか検討していくわけだ。

　このタスクの段取りで、**一番重要なのは、「あるべき姿」を明確にすること**である。これは、ベストプラクティスをまねすることではない。ベストプラクティスを参考にしながら、**自社なりの「あるべき姿」＝目標を定めること**である。

　仮にデジタルミドルマネジャーが、このタスク全体に1カ月とスケジュールを立てていた場合、「あるべき姿」を決定するために、「米国に1週間行きたい、中国に1週間行きたい。さらに様々なセミナーに出席し、リサーチに2週間かけたい」。「あるべき姿」策定だけで、最低1カ月かかると見積もる。

　これらの作業後「あるべき姿」について一度マネジャーと確認したい。合意をとりたい。その上で、複数店舗を回り現状把握し問題点を明らかにする。ここに3週間ほしい。そして、解決策を1週間で考える。だから、タスク完了まで2カ月ほしい。このように、ミドルマネジャーに逆提案するのである。

　ダメなスタッフは、ミドルマネジャーからの依頼に「はい！　わかりました！　頑張ります！」と何も考えずに脊髄反射で答える。ミドルマネジャーからすれば、「こいつ、本当にわかっているのか？　大丈夫か？」と感じ、信頼されない。

　優秀なスタッフは、ミドルマネジャーからの依頼にすぐに答えない。

考え込む。そして、**自分なりにタスクの解像度を上げ、自分なりにタスク処理の段取りを逆提案する**。ミドルマネジャーからすれば、「**自分なりにタスク処理のイメージを持てている。安心して任せることができる**」ということになるわけだ。もちろん、**段取りなどで抜けているところがあれば、アドバイスをくれるだろう**。

このように、デジタル案件プロジェクトを遂行する上で、プロジェクトメンバーであるデジタルスタッフは、自らタスクに対する解像度を上げ、タスク処理の段取りを考えなければならない。

### デジタルスタッフに求められるデジタルリテラシー

一方、ビジネスの最前線で活躍するデジタルスタッフは、デジタル領域の知見を増やし、デジタルリテラシーを向上させなければならない。では、デジタル領域とはどのような領域で、どうデジタルリテラシーを向上させればよいのだろうか。

東京都は、デジタル人材確保・育成基本方針を定め、デジタル人材育成を進めるとしている。そして、その育成方針として、22のスキル項目を定めている（図表4-7）。細かいことがごちゃごちゃ書かれているが、木を見て森を見ず。霞が関を含め役所がつくる資料は、このように目先の細かいことが多数書かれているが、最終的にあるべき姿が何なのかグランドデザインが明らかでない場合が多い。このスキル習得の先に何があるのか、どうあるべきかを考えず、とりあえず思いついたスキルが羅列されている。

もっとも、東京都もこの22のスキル項目を、一人のビジネスパーソンがすべて習得することは難しいと考えているようで、ジョブタイプごとに備えるべきスキルとレベルを定義している（図表4-8）。現実的に考えれば当たり前で、こんな些末なスキルをあれこれ蓄積してもデジタル人

図表4-7 東京都のデジタル人材確保・育成基本方針

**ICTに関するスキル項目の細分化及びレベル定義**

| 分類 | # | スキル項目 | 定義 | Lv.0 | Lv.1 | Lv.2 | Lv.3 |
|---|---|---|---|---|---|---|---|
| 戦略・企画 | 1 | ITストラテジー | DX や ICT システムに関する戦略策定や事業企画を行う | | | | |
| | 2 | サービスデザイン | デザイン思考に基づき行政サービスの開発や改善を行う | | | | |
| | 3 | マーケティング | ユーザの顕在／潜在ニーズを理解し、QOS を最大化するための仕組みづくりを行う | | | | |
| デザイン | 4 | UXデザイン | 行政系サービスのユーザ体験設計、フィードバックに基づく継続的な改善活動を行う | | | | |
| | 5 | UIデザイン | ビジュアルデザインや情報設計、コーディング等を行う | | | | |
| データ | 6 | データアナリティクス | 数学／統計学等のスキルを有し、データ分析から得た洞察を可視化して還元する | | | | |
| | 7 | データエンジニアリング | 分散処理やデータ管理等のスキルを有し、ビッグデータ基盤の構築・運用を行う | | | | |
| プロジェクト管理 | 8 | プロジェクトマネジメント | プロジェクトの特性に応じた管理手法を用いて推進し、成功に導く | | | | |
| システム全般 | 9 | システムアーキテクチャ | システム全般を統率し、仕様策定や要件定義、アーキテクチャや設計を牽引する | | | | |
| | 10 | クラウドサービス活用 | クラウドサービスの市場動向や特性を把握し、適切な選定や導入支援を行う | | | | |
| アプリケーション | 11 | 業務系アプリ設計・開発 | 業務系アプリケーションに関する専門知識・スキルを有し、システム企画・導入を行う | | | | |
| | 12 | Webアプリ設計・開発 | Web アプリケーションに関する専門知識・スキルを有し、システム企画・導入を行う | | | | |
| | 13 | スマホアプリ設計・開発 | スマホアプリケーションに関する専門知識・スキルを有し、システム企画・導入を行う | | | | |
| インフラ | 14 | ネットワーク設計・構築 | ネットワークに関する専門知識・スキルを有し、システム企画・導入を行う | | | | |
| | 15 | サーバ基盤設計・構築 | サーバ仮想化や OS に関する専門知識・スキルを有し、システム企画・導入を行う | | | | |
| | 16 | データベース設計・構築 | データベースに関する専門知識・スキルを有し、システム企画・導入を行う | | | | |
| セキュリティ | 17 | サイバーセキュリティ | セキュリティに関する専門知識・スキルを有し、安全性・効率性等の検討を行う | | | | |
| | 18 | システム監査 | 客観的な視点からシステムの信頼性・安全性・効率性等の点検、評価を行う | | | | |
| 運用 | 19 | 運用設計 | システム導入工程において、リリース後の運用や維持管理に関する改善活動を行う | | | | |
| | 20 | システム管理 | システム運用工程において、安定稼働及び継続的な改善活動を行う | | | | |
| | 21 | ユーザサポート | システム運用工程において、ユーザサポートの品質向上及び業務効率化を行う | | | | |
| 先端技術 | 22 | AIエンジニアリング | 機械学習等の専門知識・スキルを有し、調査研究、PoC、サービス企画等を行う | | | | |

Lv.3 【指導者レベル】高度な専門知識を有し、他者を指導できる

Lv.2 【自立レベル】応用知識を有し、独力で実践できる

Lv.1 【要指導レベル】基礎知識を有し、指導のもとで実践できる

Lv.0 【未実施】基礎知識が無く、実践の経験も無い（乏しい）

出所：東京都デジタル人材確保・育成基本方針

図表4-8　ジョブタイプごとのスキル項目

**ジョブタイプごとに備えるべきスキル項目を定義**

スキル項目

| # | ジョブタイプ | 略称 | ITストラテジー | サービスデザイン | マーケティング | UXデザイン | UIデザイン | データアナリティクス | データエンジニアリング | プロジェクトマネジメント | システムアーキテクチャ | クラウドサービス活用 | 業務系アプリ設計・開発 | Webアプリ設計・開発 | スマホアプリ設計・開発 | ネットワーク設計・構築 | サーバ基盤設計・構築 | データベース設計・構築 | サイバーセキュリティ | システム監査 | 運用設計 | システム管理 | ユーザサポート | AIエンジニアリング |
|---|---|---|---|---|---|---|---|---|---|---|---|---|---|---|---|---|---|---|---|---|---|---|---|---|
| | | | **ビジネス系スキル** | | | | | | | | | | **システム系スキル** | | | | | | | | | | | |
| 1 | ビジネスデザイナー | BD | ◎ | ◎ | ◎ | ○ | ○ | | | ○ | | △ | | | | | | | | | | | | |
| 2 | UI/UXデザイナー | UX | △ | △ | △ | ◎ | ◎ | | | △ | | | いずれか1つ○ | | | | | | | | | | | |
| 3 | データサイエンティスト | DS | | △ | | | | ◎ | ◎ | △ | | △ | | | | | | | | | | | | ○ |
| 4 | プロデューサー | PD | △ | △ | △ | △ | | | | ◎ | △ | △ | いずれか1つ△ | | | △ | △ | △ | △ | △ | △ | △ | | |
| 5 | システムアーキテクト | SA | ○ | △ | | | | | | ○ | ◎ | ◎ | いずれか1つ◎ | | | △ | △ | ◎ | ◎ | △ | △ | △ | | |
| 6 | アプリケーションエンジニア | AE | | | | △ | △ | | | △ | △ | ○ | いずれか1つ◎ | | | △ | △ | ◎ | ○ | △ | △ | △ | | |
| 7 | インフラエンジニア | IE | | | | | | | | △ | △ | ○ | | | | いずれか1つ△ | | △ | ○ | △ | △ | ◎ | ◎ | |
| 8 | セキュリティエンジニア | SE | | | | | | | | △ | | ○ | | | | △ | △ | △ | ◎ | ◎ | △ | ○ | ◎ | |
| 9 | サービスマネージャー | SM | △ | | △ | | | | | △ | | ○ | | | | | | | △ | ○ | ◎ | ◎ | ◎ | |
| 10 | 先端技術エンジニア | AT | | | | | | | | | | | | | | | | | | | | | | ◎ |

注：AT：Advanced Technologyの略（対象となる技術は業界動向等を見ながら定期的に更新）
　　◎：高度な知識・スキルが必須（Lv.3相当）
　　○：基礎的な知識・スキルが必須（Lv.2相当）
　　△：基礎的な知識・スキルが望ましい（Lv.1相当）
出所：東京都デジタル人材確保・育成基本方針

材になることはできない。

　また、ここで考えなければならない。ジョブタイプに、**データサイエンティストやインフラエンジニア、先端技術エンジニアとか書いてあるが、「こういう職種のスタッフって、本当に日本企業に必要なのか？」**ということだ。

　当然、多くの日本企業にDXは必要である。ITも必要である。しかし、必要だからといって、多くの日本企業が大量のエンジニアを自社内に確保しているわけではない。2023年現在、大半の日本企業には、情報システム部門があるだろう。しかし、そこに大量のエンジニアが存在するのか。たいていの場合、存在しない。**日本企業の情報システム部門は、正確に言うと、情報システム企画部門、情報システム管理部門である。**実際の情報システム開発、運用は、NECや富士通やIBMのようなSIer、ベンダーと言われる企業のエンジニアが行ってくれるわけだ。**それらSIer、ベンダーを管理することが、情報システム部門の役割なのである。**

　同様に、DXを進める際にも、自社内になにがなんでもエンジニアを確保する必要はない。データサイエンティストをたくさん抱える必要もない。そうではなく、DXベンダーを適切に使いこなすことができればよいわけだ。そこで、以下の3つをできるようになることが、デジタルスタッフには求められる。

1. 日進月歩のテクノロジーを持つDXベンダーがどこにいるのかを明らかにすること
2. デジタル案件プロジェクトの目標を達成するために最適なDXベンダーを選び出せること
3. パートナーとなったDXベンダーを適切に管理できること

　DXベンダー業界は、市場導入期である。ゆえに、NECや富士通と

いった大企業DXベンダーが確立されていて、彼らに丸投げすれば大丈夫という状況ではない。むしろ、スタートアップベンダーが、優れたテクノロジーを持っているケースも多い。したがって、ある意味でお宝さがしで、日進月歩で進化するテクノロジーを睨みながら、それを実現するスタートアップベンダーを探し続けるのである。

デジタルスタッフのDXスキルとは、先の東京都の方針にあったようなWebアプリ設計ができるようになるといった些末な話ではない。そんなことに時間を使うくらいなら、1時間でも多くスタートアップベンダーとミーティングを持つべきである。そして、DXのある特定領域の専門家である彼らと議論し、デジタル案件プロジェクトの実現に貢献すべきなのである。

そうして、日々スタートアップベンダーと議論する時間を確保しながら、デジタル案件プロジェクトで委託したい領域があれば、デジタルミドルマネジャー＝デジタル案件プロジェクトマネジャーにDXベンダーへの委託を提案する。その提案に対し、デジタルミドルマネジャーはDXベンダーに委託するかどうか意思決定を行うわけだ。当然デジタルミドルマネジャーにも、DXベンダーが委託先として適しているかどうか判断する目利き能力が求められる。

繰り返す。**デジタルスタッフのスキルは、東京都が提唱しているような些末なエンジニアスキルを習得することではない。そうではなく、そういったスキルを持つDXベンダーを適切に管理し、使いこなせるようになること、それがデジタルスタッフの役割なのである。**

もちろん、管理し、使いこなすためには、DXベンダーと対峙できる、目利きできるスキルが必要となる。だから、社内にデータサイエンティストがいてもよいだろうし、Webアプリ開発者がいてもかまわない。しかし、スタッフ全員、そんなスキルが必要かというと、そうではないということだ。

第**5**章

# 消費者から見た
# 次世代流通小売業

これまで「データ資本主義時代の次世代流通小売戦略」をどう実現するかということを、流通小売業の視点から検討してきた。このビジネスモデルが実現されることで、消費者はどのように幸せで豊かな暮らしをできるようになるのか。本書の最終章となる第5章では、消費者から見た次世代流通小売業について検討する。消費者の人生の大切なパートナーとなる流通小売業の姿を見ていきたい。

## 「売り切れの失望」からの解放

幼稚園児の男の子を持つお母さんのお話。お母さんはよく男の子と一緒に近所のスーパーに買い物に出かける。男の子は一緒に買い物に行くことで、玩具付きのお菓子を買ってもらうことを楽しみにしていた。仮面ライダーのベルトが大人気で、そのベルトで遊べるコインがついたお菓子が子どもたちの間で大変な人気だった。男の子もワクワクしてスーパーに出かける。スーパーに着いた瞬間に、お菓子売り場にダッシュ。お母さんは先に野菜売り場で野菜を選び、その後、お菓子売り場へ。ところが、そこには落胆した表情の男の子がいた。人気のお菓子なので、売り切れていたのである。せっかく一緒に買い物についてきたのに。ワクワクしてどんなコインが手に入るのか、楽しみにしていたのに。親としてもいたたまれない気持ちになる。仮面ライダーではなく、ポケモンの玩具付きお菓子を買うことで、その場を収め、なんとか機嫌よく買い物を続けることができた。

このように、リアル店舗には「売り切れ」「欠品」のリスクがある。しかし、次世代流通小売業では、自宅でそのリスクを回避できる。出かける前にインターネットでスーパーのホームページへアクセス。仮面ライダーコインのついたお菓子を検索すると、自宅から一番近いスーパーの

在庫は0だった。しかし、隣の区のスーパーには在庫が3個あった。すぐに在庫を確保し、店頭で受け取ることもできる。または、他の商品も一緒に購入し購入金額が10000円以上になれば、送料無料で配送もしてくれる。

せっかくなので、在庫を確保した上で、クルマで隣の区のスーパーに出かけることにした。男の子に「仮面ライダーコインあるかなー？」と言いながら。スーパーに到着し、在庫取り置きカウンターへ。店員さんが笑顔で仮面ライダーコインのお菓子を男の子に渡してくれる。それを手にした男の子も大喜び。早く開けたくて仕方がないようだ。

これが次世代流通小売業の進化の一つ。オムニチャネルだ。リアル店舗の店頭在庫とオンラインチャネルの在庫をリアルタイムで可視化し、シームレスに自由自在に管理する。その結果、消費者に対して「せっかくお店に足を運んだのに売り切れだったという失望」から、そのリスクを解放するのである。

## 「意思決定の疲弊」からの解放、「買い物は楽しい」へ原点回帰

本来、買い物は楽しいものである。クルマを買う際には、そのクルマを買った後、家族とドライブしたり旅行に行ったりする楽しい時間を想像する。ワクワクする。家族の笑顔を思い浮かべながら、販売店でもらってきたクルマのカタログを眺めたり、インターネットで購入者のブログを読んだりして、選択肢を絞っていく。購買意思決定とは、このように本来楽しいものなのである。

ところが、**選択肢が増えることで、意思決定が苦しくなることがある**。お嬢さんの大学受験が無事に終了し、お祝いに万年筆を買ってあげようと思ったお父さんのお話。銀座の文具専門店「伊東屋」で購入しようかと思ったのだが、どんな万年筆があるのか事前に調べようと思い、

Amazonや楽天で検索したところ、検索結果は3万件以上。いろいろな万年筆があり、クリックすればするだけ、どんどん万年筆が出てきて頭の中が混乱する。検索を始めてから3時間以上。どの万年筆が良いのか、結局、意思決定できず、無為に時間を費やしてしまった徒労感だけが、お父さんにどっとのしかかった。

その日の夜、お嬢さんの高校のPTAの飲み会があり参加したところ、文房具のムック本を出版している作家パパが偶然隣の席に座ってくれた。そこで、「万年筆を選ぼうとして選択肢の多さに途方に暮れた」という話をしたところ、お嬢さんの手の大きさや指の長さ、好みのファッションなどの質問が。そこから、手に馴染みやすい万年筆のタイプや、万年筆を胸ポケットに挿す場合、そのファッションに似合いやすい万年筆のタイプのアドバイスを得ることができた。

Amazonで検索した時には、価格と色、ブランドくらいしか見ていなかったので、目からうろこの視点だった。そのアドバイスを基に、お嬢さんと一緒に銀座の「伊東屋」へ出かけ、手にも馴染みやすく、胸ポケットに挿したときにも似合う万年筆を購入することができた。お嬢さんも「少し大人になった感じがする」と、ご満悦のようだ。

こういった個々の消費者の個性、バックグラウンドに注目した上で、良いアドバイスを提供し「意思決定の苦しみ」から消費者を解放してくれるのが、次世代流通小売業の進化の一つなのである。先の例は、リアルな人間からのアドバイスだったが、次世代流通小売業でも同じことができるようになる。

京都出身の初老の男性のお話。京都出身であることもあり、京都丹波産のコシヒカリを好んで購入している。楽天やAmazonなどのオンラインチャネルで購入しているのだが、その購買行動データは日々着々と蓄積されている。同じものを繰り返し購入すると、購入回数が何回なのか、

最終購入日がいつなのかも提示してくれる。その購買行動データを基に、次世代流通小売業では、「そろそろお米がなくなる時期ではありませんか？　よろしければ、次のご注文を」と提案してくれるようになる。ちょうどよいタイミングでこういう提案が繰り返されるようになると、「お米が切れなくて便利だなー。お任せします！」ということで、自動注文に切り替えることになるわけだ。

　タイミングの良い提案を繰り返されたことで、この男性はそのお米屋さん（が出店しているオンラインチャネル）と長期的な購買関係を構築することになった。今は、ちょうどお米が切れそうなタイミングでお米が送られてくる。男性は数多ある意思決定のうち、お米の注文という意思決定から解放され、お米の在庫管理というタスクからも解放されることになった。

　次世代流通小売業では、オンラインチャネルとリアル店舗の購買行動データがシームレスにつながるようになる。男性が住む近所のスーパーもAmazon Goのプラットフォームを導入したようで、レジレス、キャッシュレスになったのはもちろんのこと、リアル店舗での購買行動データも蓄積されるようになった。

　近所のスーパーでは、日々、野菜、肉、魚などの生鮮食料品を購入しているのだが、その購買履歴を分析したのか、Amazonからアドバイスが届いたようだ。「最近のお料理の傾向から、コシヒカリ以上にキヌヒカリのほうが、お料理とマッチするかもしれません。よろしければ、サンプルをお送りしますが、いかがですか？」と。その提案に乗ってみたところ、確かにキヌヒカリも美味しい。そこで、これからはキヌヒカリも注文することにした。次世代流通小売業の提案に乗ることで、男性の食生活はさらに豊かになった。

　このように、次世代流通小売業の提案に乗ることで、数多ある意思決定の一部を「お任せ」することができ、自分では気づくことができなかっ

た商品に出会うことができる。そして、提案に乗る＝意思決定の一部を任せることで、自分のための時間を増やすことができるわけだ。

　次の週末、男性は家族と一緒に軽井沢でゆっくりしようと計画している。美味しいものを食べたいので、レストランを検索しよう。時間はたっぷりあるので、ゆっくりと比較検討ができる。美味しいものを食べて家族が喜んでいる姿を想像しながら。このように本来、買い物や意思決定は楽しいものである。選択肢が増える中、なんでも自分で意思決定していると、選択肢が多すぎて時間がかかり満足のできる意思決定が難しくなるが、「餅は餅屋」。専門家にアドバイスをもらい、意思決定を委ねることで、本当に自分で決めたい領域の意思決定にじっくり時間をかけることができるようになるのだ。

## 次世代流通小売業は<br>消費者の「頼れる相棒」になる

　我々消費者は、その人生を送る中で様々な専門家のお世話になっている。例えば、子どもが受験勉強をするときには、学習塾という受験勉強の専門家にお世話になり、散髪をするときには、理容師、美容師といったヘアスタイルの専門家にお世話になる。

　ただし、学習塾の場合は、自分の子どもは1クラス15人の中の一人であり、クラスでの授業を受けることになるので、仮に英語が得意で国語が苦手だったとしても、クラスのみんなと同じ授業を受けなければならない。散髪をするときにも1000円カットなどでは、理容師の指名ができず、自分の髪の癖などわかっていない理容師にカットを任せることになる。

　しかし、受験勉強の専門家としてプロの家庭教師にお願いする場合、英語が得意で国語が苦手なら、英語はより難易度の高いチャレンジを、国語は基礎力からといって、その子ども自身にベストな形で受験勉強に

取り組ませてくれる。美容院で毎回指名する美容師であれば、自分の頭の形、髪の癖、髪質、ライフスタイルなど十分に理解した上で、ヘアスタイリングしてくれる。

　このように、自分自身を熟知してくれ、満足度の高い提案をしてくれ、ある領域の意思決定を任せることができるのが、次世代流通小売業なのである。

　例えば、あるオンラインチャネルでクラフトビールのIPAをよく購入する場合、その購入サイクルに従いタイミングを見計らい、再注文のお伺いが来る。そして、IPAの新商品が出て、系統的に気に入ってもらえる可能性がありそうな場合、再注文の際に新商品のサンプルがおまけで入っている。まるでアニメ『サザエさん』の登場人物「三河屋のサブちゃん」のような存在だ。自分のことをよくわかってくれていて、気心知れた関係。だから、ビール領域における「頼れる相棒」になるのである。

　このオンライン酒屋では、オンラインチャネルでお酒やミネラルウォーターを注文する。しかし、街の酒屋さんをネットワーク化し、そこに注文を引き当てているので、当日配送ができ、配送を酒屋さんの店員が行う。だから、サービスドライバーのお酒の知識が豊富なのである。ダンボールに入った缶ビールを玄関で受け取るのだが、その際も、ただハンコを押すだけではない。「このビールはちょっと温めに冷したほうが、香りが立ちますよ」だとか「このビールはキンキンに冷しちゃってください！」とか、一言アドバイスをもらえることもあるのだ。

　デジタルマーケティングというと、コンピュータを介したデータのやり取りで、感情が入り込む余地がない無味乾燥な商取引をイメージしそうだが、そうではない。お客様一人ひとりが理解されることで、より絆が深まる体験を消費者は得ることができるのである。

　常連客と馴染みの店、この関係が長期的に継続的に商取引を行う関係

となる。さっそくビールを少しだけ温めに冷してみた。確かにホップの香りがとても鮮やかだ。ワイン同様、ビールも温度にまで気を配るとさらに新しい世界を垣間見ることができるんだと、笑顔になりながらその日の晩酌が始まった。

## あとがき

　本書では、「データ資本主義時代の次世代流通小売戦略」をテーマに、これから日本の流通小売業がどのようにDX（デジタル・トランスフォーメーション）化を進めていけばよいのかを検討してきた。主な検討領域は流通小売業だが、DX化という観点で考えれば、他の業界に所属しているビジネスパーソンにも多くの学びを提供できるはずだ。

　次世代流通小売戦略とは、突き詰めれば「消費者購買行動データを分析し、消費者理解から消費者個々人に良い購買行動提案を行い、信頼関係を築き長期的な関係を構築すること」だ。この次世代流通小売戦略をどのくらい実行できているかという基準で考えれば、日本の流通小売業は米国や中国の流通小売業と比較すると大きく後れをとっている。しかし、私はそれほど悲観的ではない。歴史を振り返れば、そのような状況の中、日本人はいつもキャッチアップしてきたからである。

　1543年、インドから中国へ向かっていた南蛮船が、台風で種子島に漂着した。その船に火縄銃があり、これが所謂「鉄砲伝来」となったのである。そのわずか30年後、1575年織田信長は長篠の戦いで武田勝頼を倒した。その時に使われたのが、3000挺の火縄銃である。当時、日本は欧州よりも多く火縄銃を保有していたとも言われている。

　1960年代、三重県四日市から岡田卓也が、東京都北千住から伊藤雅俊が、兵庫県神戸市から中内功が、米国に渡り最先端の流通小売業を視察。チェーンストアを目の当たりにした。そして、その後、ジャスコ（イオン）を、イトーヨーカ堂を、ダイエーを創り上げ、日本の高度経済成長を支えてきたのである。

そのあおりを食ったのが、東京の小さな食品店「ことぶき食品」だ。横川端を中心とする横川4兄弟により小さいながら順調に成長していた「ことぶき食品」は、大型スーパーマーケットの出店攻勢で存亡の危機に立たされる。新規事業に活路を求め、横川端は米国に渡った。そして、その時の状況をこのように述べている。

「無我夢中の一週間。マクドナルド、ケンタッキーフライドチキン、ミスタードーナツ、デニーズ、ビッグボーイ、サンボズ、マリーカレンダーなど、広いメイン道路に高々と掲げたサインポール。どの店もわれわれにはピカピカ光って見えた」

「あの時の感動が今日まで続いています。目に焼き付けられた明るいアメリカが、ずっと続いているわけです。当時の日本の外食は暗いお店ばかりでしたが、アメリカはものすごく開放的で人々も明るい表情で食事をしていました。それを見た時に『ああ、すごくいいな』と、心の中にカリフォルニアの明るさとして残るんですね。その感動はいくら話を聞いても経験できるものではありません[1]」

そして帰国後の1970年、すかいらーくを創業。日本に初めてファミリーレストランが誕生した。

このように日本企業は、新たなビジネスモデルを生み出すのは苦手かもしれないが、優れたビジネスモデルに学び、それを工夫し、競争力の高いビジネスモデルにすることは、とても得意である。

現在「データ資本主義時代の次世代流通小売戦略」では、日本の流通小売業の大半が米国や中国の流通小売業に後れをとっている状況にある。しかし、それは大した問題ではない。学ぶべき優れたビジネスモデ

---

1) https://www.inshokuten.com/foodist/article/4776/?page=2

ルがある時点で、日本企業の勝ちパターンなのである。これらのビジネスモデルに学び、それを工夫し、競争力の高いビジネスモデルを創り上げる、第二の岡田、伊藤、中内、横川がこれから誕生してくることを楽しみに待っている。

彼らが米国に渡ったのは、いずれも30代から40代の時。デジタルミドルマネジャーやデジタルスタッフの年齢とそう変わらない。「データ資本主義時代の次世代流通小売戦略」の中核を担うのは、正にこの世代である。

優れたビジネスモデルに学び、それを工夫し、競争力の高いビジネスモデルにすることは、言い換えると「守・破・離」だ。一度、優れたビジネスモデルの型にはめる。一旦、本書の主張に愚直に耳を傾け、型にはめる。この型を習得せずにDXを進めるのは、単なる「型なし」である。型を習得した上で、それを破るのは「型破り」である。ここまで本書をお読みいただいたことに感謝するとともに、読者諸氏が「型破り」なビジネスパーソンとして、ビジネスの最前線で活躍することを期待している。

前著『デジタルマーケティングの教科書——5つの進化とフレームワーク』を上梓してから6年。久しぶりに書籍の執筆をしていたのだが、私の傍らでは、息子たちもまたそれぞれの進学へ向けて勉強を頑張っていた。父親が仕事をしている姿を息子たちに見せる機会はなかなかないのだが、集中して書き物をしている後ろ姿を見て、父親が頑張っていることがわかったのか、息子たちもまたそれぞれ努力を重ねていた。

たまには息抜きをしようということで、息子たちと一緒に浅草に出かけた。東京の中でも名立たる観光地の一つである。浅草寺門前の仲見世商店街はインバウンド需要が戻り、たいへん賑わっている。活気にあふれた商店街が戻ってきた。消費者も店員も笑顔で買い物・接客を楽しんでいる。

「今、こういった買い物がこれからどう進化するのかをテーマに本を書いているんだよ」と話をしたところ、「読んでみたい!」と言ってくれた。息子たちも大きくなり、そろそろ私の本を読み、理解できる年齢に近づいてきている。そこで本書を、長男幸之助、次男眞之助に贈ることにしたい。

2023年初夏　日本の中で最も歴史ある商店街の一つである浅草寺門前仲見世商店街の賑わいを眺めながら

牧田幸裕

【著者紹介】
**牧田幸裕**（まきた　ゆきひろ）
名古屋商科大学ビジネススクール 教授
1970年京都市生まれ。京都大学経済学部卒業、京都大学大学院経済学研究科修了。ハーバード大学経営大学院エグゼクティブ・プログラム（GCPCL）修了。アクセンチュア戦略グループ、サイエント、ICGなど外資系企業のディレクター、ヴァイスプレジデントを歴任。2003年日本IBM（旧IBMビジネスコンサルティングサービス）へ移籍。インダストリアル事業本部クライアント・パートナー。主にエレクトロニクス業界、消費財業界を担当。IBMでは4期連続最優秀インストラクター。2006年信州大学大学院経済・社会政策科学研究科助教授。2007年准教授。2018年より現職。名古屋商科大学では5年連続ティーチング・アウォード受賞（2023年現在）。
著書に『フレームワークを使いこなすための50問──なぜ経営戦略は機能しないのか?』『ラーメン二郎にまなぶ経営学──大行列をつくる26の秘訣』『ポーターの「競争の戦略」を使いこなすための23問──どうすれば差別化を機能させられるのか?』『得点力を鍛える──「やらないこと」を決めて努力を最適化する技術』『デジタルマーケティングの教科書──5つの進化とフレームワーク』（いずれも東洋経済新報社）などがある。

デジタルマーケティングの教科書
データ資本主義時代の流通小売戦略
2023 年 10 月 31 日発行

著　　者──牧田幸裕
発行者──田北浩章
発行所──東洋経済新報社
　　　　　〒103-8345　東京都中央区日本橋本石町 1-2-1
　　　　　電話＝東洋経済コールセンター　03(6386)1040
　　　　　https://toyokeizai.net/

カバーデザイン‥‥‥‥‥橋爪朋世
本文デザイン・DTP‥‥‥アイランドコレクション
印刷・製本‥‥‥‥‥‥‥丸井工文社
編集担当‥‥‥‥‥‥‥‥藤安美奈子
©2023 Makita Yukihiro　　Printed in Japan　　ISBN 978-4-492-55828-7